THOMAS RÖGNER
ULRICH STANCIU

BIKE FAHRTECHNIK

THOMAS RÖGNER
ULRICH STANCIU

BIKE FAHRTECHNIK

Richtig schalten
Sicher bremsen
Bergauffahren
Downhill
Kurventechnik
Bunny Hop
Trial-Tricks

DELIUS KLASING VERLAG

Die Deutsche Bibliothek –
CIP-Einheitsaufnahme

Bike-Fahrtechnik : richtig schalten, sicher
bremsen, Bergauffahren, Downhill, Kurventechnik,
Bunny Hop, Trial-Tricks/Thomas Rögner ; Ulrich
Stanciu. [Die Kapitel über Downhill ohne Gefahr
schrieb Andreas Erbe ...]. – 5., überarb. Aufl. –
Bielefeld : Delius Klasing, 1996
   (Bike-Buch)
   ISBN 3-7688-0720-7
NE: Rögner, Thomas; Stanciu, Ulrich

© Copyright by Delius, Klasing & Co.,
Bielefeld

Printed in Germany 1996

Die Kapitel über Downhill ohne Gefahr
schrieb Andreas Erbe, die Artikel Body
Check und Standübungen verfaßten
Daniel Fikuart und Uwe Geißler.

Fachliche Beratung: Jürgen Eckmann,
Thomas Rank, Hansjörg Rey, Walter
Röhrl, Jürgen Sprich, Klaus-Peter Thaler,
Thomas Widmann.

Fotos: Heinz Endler, Uwe Geißler,
Thomas Rögner, Ulrich Stanciu,
Thomas Streubel.

Titelfoto: Ulrich Stanciu

Gestaltung: Rudi Kappler

Druck: PDC Paderborner Druck Centrum

INHALT

1 EINFÜHRUNG

Radfahren kann jedes Kind — was muß man da noch lernen? fragt sich der Mountain-Bike-Novize und fährt munter ins Gelände. Doch wenn er am ersten schottrigen Anstieg absteigen muß, wird ihm klar: Ein normaler Radfahrer ist noch lange kein Offroad-Biker. Auf Feld- und Waldwegen rollt das Rad nicht so locker wie auf Asphalt — hier kommt zur Kondition fürs Strampeln noch eine große Portion Balance und jede Menge Fahrtechnik hinzu. Vorausschauendes Schalten in jedem Terrain, dosiertes Bremsen auf losem Untergrund, die optimale Gewichtsverlagerung am Steilhang, eine ausgefeilte Kurventechnik, extremes Langsamfahren an Steilstufen und kleine Sprünge über Hindernisse — jede dieser Techniken bringt eine neue Herausforderung, verlangt aber auch die richtige Information und allerhand Übung.

In diesem Buch haben wir eigene Erfahrungen und das Wissen Dutzender von Experten und Profis gebündelt und entsprechend dem Fortschritt in einer Bike-Karriere gegliedert. Die ausführlichen Texte und die faszinierenden Farbfotos werden Ihnen die gesamten Grundlagen der Bike-Fahrtechnik vermitteln und sollen Sie sanft auffordern, draußen im Gelände einfach mal herumzuspielen und dabei immer neue Techniken zu lernen — damit Sie ein besserer Biker werden und noch mehr Spaß an Ihrem Sport haben. Sie werden merken, daß jeder Offroad-Trip ein neues Erfolgsgefühl bringt: Erst freut man sich, beim ersten kurzen Steilhang den richtigen Gang eingelegt zu haben, dann berauscht einen die erste schnellere Abfahrt, und schließlich schwillt die Brust, wenn man auch an einer hohen Geländestufe im Sattel bleibt. Der Lernerfolg beim Aufstieg in die höheren Könnensstufen motiviert jeden Biker enorm. Es macht Spaß, dazuzulernen und die eigenen Fähigkeiten auszuweiten. Und es bringt Sicherheit — auch im Straßenverkehr —, wenn man seinen Stollengaul von Mal zu Mal besser im Griff hat. Lesen Sie sich die einzelnen Kapitel bitte sehr genau durch und prägen Sie sich die Bewegungsabläufe gut ein. Lassen Sie dann alles noch einmal in Ihrem Gehirnkino ablaufen und versuchen Sie über dieses mentale Training eine genaue Bewegungsvorstellung zu bekommen. Üben Sie dann die verschiedenen Techniken auf dem Bike und lesen Sie den Text danach noch einmal. Sie werden sehen, daß Sie mit der praktischen Erfahrung manche Passagen noch besser verstehen und damit der Lernerfolg noch schneller kommt. Wir wünschen Ihnen viel Spaß.

Thomas Rögner/Ulrich Stanciu

WIE GUT BIKE ICH? 2

Der Anstieg ist steil und kernig. Schaffe ich ihn, oder schaffe ich ihn nicht? Die Felsstufe in der schwierigen Abfahrt mißt knapp einen halben Meter. Muß ich absteigen oder nicht? Die traumhafte Tour zu den verlockenden Gipfeln dauert fünf Stunden und geht über 1200 Höhenmeter. Reicht meine Kondition dafür? Die Frage nach dem eigenen Fahrkönnen beschäftigt jeden Biker — im Vergleich mit den anderen Pedalfans, beim Ausprobieren einer neuen Strecke oder bei der Planung einer längeren Tour. Wir haben ein umfassendes System ausgearbeitet, mit dem Sie Ihre Fahrtechnik und ihre Kondition genau beurteilen können. Mit diesem Wissen fällt es Ihnen dann wesentlich leichter, die richtige Route im richtigen Gelände zu wählen und noch mehr Genuß beim Offroad-Radeln zu erleben. Außerdem zeigt es Ihnen, wie weit Sie auf Ihrer Bike-Karriereleiter noch klettern können und welche tollen Erfolgsgefühle Ihnen noch bevorstehen.

Mit diesem neuen und bisher einmaligen System im Bike-Sport wollen wir Ihnen das Einschätzen Ihres eigenen Fahrkönnens erleichtern und Ihnen helfen, die richtigen Bike-Partner und die passenden Touren zu finden. Welche Tour oder welche Streckenschwierigkeit am ehesten Ihrem persönlichen Fahrkönnen entspricht, finden Sie dann mit einem Blick heraus. Die Abstufungen reichen von 1 bis 6. Dabei ist ganz klar: Stufe 1 beschreibt den Status der Einsteiger – Stufe 6 stellt dann den höchsten Anspruch dar, der für erfahrene und technisch sehr versierte Mountain Biker gilt. Lesen Sie die Tabelle auf den folgenden Seiten, die nach den unterschiedlichen Könnensstufen gegliedert ist, genau durch. Kreuzen Sie in jeder Spalte die Fahr-

techniken an, die Sie schon einwandfrei beherrschen. Wenn Sie in einer Stufe alle Punkte angekreuzt haben, können Sie sich eindeutig zu diesem Biker-Typ rechnen. Wenn nicht alle Techniken einer Stufe schon zu Ihrem Repertoire gehören, befinden Sie sich gerade im Einstieg zu diesem Technik-Niveau. In diesem neuen System sehen Sie also ganz genau, wo Sie noch etwas dazulernen können. Mit den weiteren Kapiteln in diesem Buch und den entsprechenden Übungen werden Sie noch in dieser Saison ihre Fähigkeiten komplettieren und wandern im Stufensystem nach oben. Aber beschummeln Sie sich bitte nicht – das bringt Ihnen im Gelände gar nichts und verhindert vielleicht ungeahnte Erfolgserlebnisse.

Wir haben die häufigsten

Situationen beim Geländeradeln untersucht und festgestellt, daß neben den allgemeinen Fertigkeiten die richtige Technik vor allem beim Bergauffahren, beim Bergabfahren und beim Bremsen gefragt ist. Zur optimalen Bike-Beherrschung zählen natürlich auch Tricks, die im Freestyle-Bereich gesondert aufgeführt werden. Sie sind jedoch eher für die Spezialisten gedacht und im Gelände selten nötig – sozusagen die Sahnehäubchen auf der Fahrtechnik-Torte.

Nehmen wir einmal den typischen Aufsteiger, der schon eine breite Basis an Fahrkönnen besitzt: Genauso wie die richtige Schalt- und Bremstechnik beherrscht er es, seinen Schwerpunkt seitlich oder vor und hinter den Sattel zu verlagern. Damit kommt er auf normalen Wald- und Wiesen-

wegen mit mäßigen Anstiegen prächtig zurecht. Bergauf rutscht ihm das Hinterrad nicht mehr durch – er packt den Anstieg schon mit Gefühl und Technik und spart sich seine Kraft für den Schlußteil der Tour. Er genießt auch die leichte Abfahrt, weil er kontrolliert das Tempo dosiert und Hindernissen ohne Schwierigkeiten ausweicht.

Schon fast perfekt ist der Sport-Biker auf Stufe 5 der Karriereleiter. Er übt die richtige Pedaliertechnik mit Ziehen der Pedale und schafft bergauf schon steile Rampen. Abwärts schrecken den Semi-Profi auch keine dicken Brocken, und querliegende Äste sind für ihn willkommene Startrampen für Bunny Hops. In der Kurve schätzt er den Untergrund richtig ein, und er entscheidet sich für die richtige Bogen-Technik: drücken oder legen. Steile Abfahrten bewältigt der Sport-Biker auch schon mit fein dosierter Vorderbremse nahe an der Blockiergrenze. Auch im Trickbereich fühlt er sich schon ziemlich fit und weiß sich aus kniffligen Trialsituationen mit dem Versetzen von Vorder- oder Hinterrad zu retten. In dieser Könnensstufe kann man jegliche Tour fahren, und man bleibt auch bei schwierigen Passagen im Sattel. Der Aufstieg in den 6. Grad ist also fürs normale Geländefahren nicht mehr nötig. Dennoch gibt es Freaks, die Spaß an der Akrobatik haben und zusätzlich mit spektakulären Freestyle-Tricks wie dem Wheelie oder dem Baby Hop glänzen möchten. Sie haben hier ihre Spielwiese. Natürlich hängen die Könnensstufen auch vom Gelände und

vom Untergrund ab, wie die Tabelle deutlich zeigt: Auf glatten, feinschottrigen Wegen mit leichten Höhenunterschieden kommen Einsteiger und Hobby-Biker problemlos zurecht. Die Einstufung „Mittel" sieht da schon größere Steigungswinkel vor, und die Könner kommen auch noch auf feuchtem und schwierigem Untergrund zurecht – sogar, wenn's steil wird.

Als Grundlage des Könnensstufen-Systems sollte natürlich eine gewisse Konditionsbasis dienen (siehe auch das Kapitel „Body-Check" am Ende des Buches), die aber ganz sicher durch den größeren Trainingsaufwand mit den Könnensstufen wächst.

Der größte Vorteil beim Fortschritt in der Bike-Fahrtechnik liegt jedoch in der Gefahrlosigkeit. In anderen Sportarten, beispielsweise beim Surfen, beim Klettern oder beim Skifahren wächst mit der Herausforderung auch meist das

Risiko. Gerät beim Surfen ein Aufsteiger plötzlich mal in sechs Windstärken, so treibt er womöglich aufs offene Meer und gerät dabei in Gefahr. Oder ein Freeclimber steckt unter dem überhängenden Felssims fest und muß wieder zurückklettern oder fällt ins Sicherungsseil. Oder ein Ski-Einsteiger rutscht die schwarze Piste mühsam hinunter – blockiert durch die Angst vor der Verletzung.

Da ist es für die Biker schon wesentlich leichter und vor allem ungefährlicher: Man hat die Situation immer im Griff, weil keine Tour so schwierig ist, daß man gewisse Abschnitte davon nicht einmal zu Fuß gehen könnte. Auf der Experten-Tour muß selbst der Einsteiger nicht aufgeben oder umkehren, denn alle Techniken in diesem System beziehen sich nur darauf, daß der Geländereiter dabei im Sattel bleibt – absteigen und schieben kann man trotzdem immer.

KÖNNENS-STUFE	① EINSTEIGER	② HOBBY-BIKER	③ AUFSTEIGER
TECHNIKEN, DIE SIE FÜR DIE JEWEILIGE KÖNNENS-STUFE BEHERRSCHEN SOLL-TEN. BITTE KREUZEN SIE AN, WO SIE SICH SCHON SICHER FÜHLEN. **ALLGEMEIN**	☐ Normales Radfah-ren auf befestigten Wegen und Stra-ßen. ☐ Einhändig fahren.	☐ Sicheres und auto-matisiertes Schal-ten vorne und hin-ten. ☐ Überfahren klei-ner Hindernisse bis zu 10 Zentime-ter Höhe (Bord-steinkante).	☐ Aufstehen in den Pedalen: Verlagern des Körperschwer-punkts seitlich, nach vorne und hinten. ☐ Überfahren kleinerer Hindernisse bis zu 15 Zentimeter Höhe. ☐ Vorausschauendes Schalten.
BERGAUF		☐ Fahren im Wiegetritt.	☐ Richtige Gewichtsver-lagerung für mäßig steile Anstiege.
BERGAB			
BREMSEN		☐ Bewußter Einsatz von Vorder- und Hinterradbremse. ☐ Dosiertes Bremsen bis zum Blockieren des Hinterrades.	☐ Dosiertes Bremsen in mäßig steilen Abfahr-ten. ☐ Zielgenaues Bremsen und kontrolliertes Aus-weichen bei größeren Hindernissen.
FREESTYLE			
GELÄNDEBESCHAFFENHEIT UND UNTERGRUND, AUF DEM SIE DIE OBEN BE-SCHRIEBENEN TECHNIKEN BEHERRSCHEN SOLLTEN.	**LEICHT** Befestigte Wege mit geringen Steigungen und Gefällen. Glatter bis feinschottriger Untergrund.		**MITTEL** Anspruchsvolle Steigungen und Gefälle. Wege und

④	⑤	⑥
FUN-BIKER	**SPORT-BIKER**	**EXPERTE**
☐ Fahren mit Pedalclips. ☐ Bewußtes Anheben des Vorderrades zum Überfahren größerer Hindernisse.	☐ Richtiges Pedalieren mit Pedalclips (Ziehen). 	☐ Bunny Hop in der Ebene und über größere Hindernisse.
☐ Präzises Verlagern des Körperschwerpunktes an steileren Anstiegen, so daß weder das Vorderrad hochkommt noch das Hinterrad durchrutscht.	☐ Bergauf Überwinden von kurzen Extremsteigungen (30 Prozent).	☐ Bergauffahren in steilen Trialpassagen.
☐ Finden der Ideallinie bei schnelleren Bergabfahrten. ☐ Steilere Abfahrten mit Verlagern des Körperschwerpunktes hinter den Sattel. ☐ Bergabfahren über mehrere Treppenstufen.	☐ Bergab Durchfahren schwieriger Trialstrecken. ☐ Bunny Hop über kleine Hindernisse und Querrinnen in der Abfahrt. ☐ Beherrschen verschiedener Kurventechniken (Drücken und Legen).	☐ Bergabfahren in Trial-, kurzen und steilen Serpentinen bis an die Grenzen der Fahrbarkeit.
	☐ Einsatz der Vorderbremse bis zur Blockiergrenze.	
☐ Balanceübungen bei sehr langsamer Fahrt und bei kurzen Stopps.	☐ Balancieren im Stand. ☐ Seitliches Versetzen des Vorder- und Hinterrades im Stand.	☐ Nose Wheelie mit Versetzen des Hinterrades in engen Kehren. ☐ Side Hops ☐ Tricktechniken und Geländesprünge (Freestyle).
MITTEL Schotterstraßen. Grobschottriger Untergrund mit Hindernissen.	**SCHWER** Steile Steigungen und Gefälle. Schwierige Wege und Trialpassagen. Loser oder rutschiger Untergrund, grobe Hindernisse und steile Stufen.	

2

3 SO SITZEN SIE RICHTIG AUF DEM BIKE

Biken ist Einstellungssache — nur wenn die Sitzposition auf dem Stollenflitzer auf die individuellen Körpermaße abgestimmt ist, stimmt auch der Fahrspaß. Dazu brauchen Sie nur ein paar Grundregeln und den richtigen Schraubenschlüssel.

Martin Schneider fühlte sich beim Biken immer wie gerädert. Wenn er im Sitzen den Berg hochtrat, schmerzten die Oberschenkel wie nach hundert Kniebeugen. Auf längeren Strecken verspannte sich der Nacken, und nach einer schnellen Schotterabfahrt konnte Martin kaum noch den Lenker halten, so verkrampft waren seine Unterarme. Dabei ist Martin ansonsten fit: Er joggt ab und zu, spielt Squash und fährt im Winter Ski. Kraft und Kondition sind also in Ordnung, aber eines hat Martin übersehen: Als er sein Bike frisch aus dem Shop geholt hatte, setzte er sich drauf und radelte gleich zur ersten großen Tour los, ohne nochmals seine Sitzposition zu überprüfen. So war der Sattel zu tief und zu weit vorne montiert – dadurch belastete er seine Beingelenke übermä-

ßig und verschenkte Kraft, die er beim Anstieg nötig gebraucht hätte. Außerdem hatte man im Shop die Schalt- und Bremsgriffe falsch montiert, so daß Martin jedesmal beim Bremsen die Hände stark nach oben verdrehen mußte – kein Wunder, daß er Krämpfe bekam.
Dabei hätte der begeisterte Biker mit wenigen Handgriffen vor der Tour diese Probleme vermeiden können. Mit der richtigen Sitz-Position auf dem Bike, die man mit geringem Aufwand ermitteln kann, spart man nicht nur Energie, sondern fühlt sich auf dem Stollengaul auch sicherer und wohler. Am einfachsten und schnellsten justiert man die passende Sattelhöhe – durch einen Handgriff mit dem Schnellspannhebel am Mountain Bike. Die optimale Sitzhöhe findet man heraus, wenn man ein gestrecktes Bein mit der

Ferse auf das Pedal stellt. Die Kurbel steht dabei in der Verlängerung des Beins, der Schuh darf allerdings keinen Absatz haben. Man muß außerdem aufpassen, daß man nicht mit der Sitzfläche auf dem Sattel verrutscht und auf die Seite des gestreckten Beins abkippt. Am besten streckt man auch das andere Bein aus und ein Partner kontrolliert, ob das Becken bei dieser Meßmethode noch waagerecht steht. Hat man diese Sattelhöhe einmal genau ermittelt, markiert man sie am besten mit einem wasserfesten Filzstift an der Sattelstütze oder ritzt die Oberfläche an. Manche Sitz-Rohre sind auch mit Markierungen versehen, so daß man sich die entsprechende Pegel-Höhe merken kann.
Mit dieser praxisgerechten Einstellung meistert man 95 Prozent aller Offroad-Situatio-

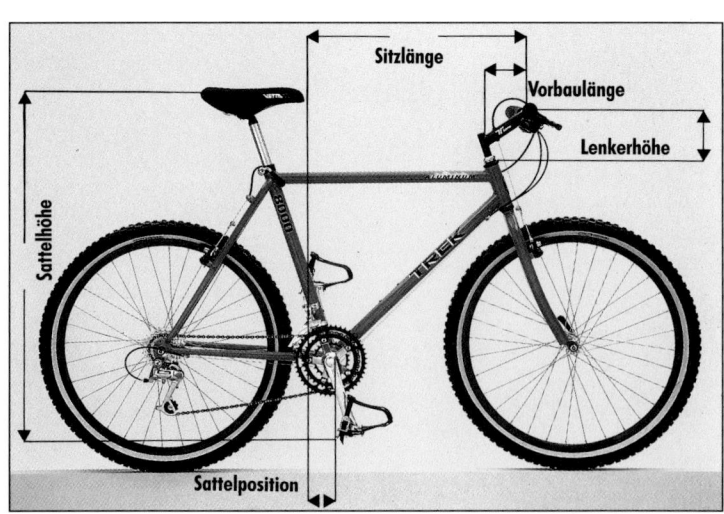

Diese fünf Maße beeinflussen die Sitzposition. Mit Hilfe der Checkliste ermitteln Sie Ihre optimalen Daten von der Sattelhöhe bis zur Vorbaulänge und stellen Ihr Bike danach ein.

nen. Nur wenn das Gelände schwierig oder die Abfahrt extrem steil wird, dreht man den Sattel runter. Damit bringt man zwar etwas weniger Kraft aufs Pedal, aber dafür wandert der Schwerpunkt näher

und individueller funktioniert es mit Ausprobieren: Bei waagerecht nach vorn gestellter Kurbel setzt man sich aufs Bike. Bei richtiger Sattelposition und -höhe verläuft die senkrechte Linie von der Knie-

körperhaltung. Der Abstand vom Sattel zum Lenker stellt die sogenannte Sitzlänge dar, die entscheidet, ob der Biker den Rücken lang machen oder buckeln muß. Grundsätzlich bestimmt das Verhältnis zwischen Sitzrohrlänge und Oberrohr zusammen mit der Vorbaulänge die Sitzlänge. Bei einer Rahmenhöhe von 51 Zentimetern (20 Zoll) ist das Oberrohr meist zwischen vier und sieben Zentimeter länger. Generell sind Allround- und Fun-Bikes von ihren Oberrohr- und Vorbaumaßen kürzer und damit komfortabler ausgelegt als die teureren Renn-Boliden. Das heißt, man sitzt eher aufrecht und mit geringer Stützkraft der Arme auf dem Lenker. Bei Race-Bikes kann das Oberrohr sogar bis zu zehn Zentimeter länger als das Sitzrohr werden. Mit einem Vorbau von 140 oder gar 150 Millimetern Länge ergibt dies eine sehr gestreckte Sitzposition, die untrainierten Fahrern viel eher Beschwerden mit Rücken und Schultern anstatt Vergnügen bereiten kann. Wer also einen kurzen Oberkörper und kurze Arme im Vergleich zur Beinlänge aufweist, bevorzugt Bikes mit kürzeren Oberrohren (zwei bis fünf Zentimeter länger als das Sitzrohr) und einem nicht zu langen Vorbau (bis 130 Millimeter).

So sitzt man gut: Der Rücken ist leicht gekrümmt, die Arme sind gebeugt.

Richtung Erde und man bleibt beim unfreiwilligen Abstieg nicht am Sitz hängen.

MEHR HÖHE BRINGT MEHR KRAFT

Ein etwas höher eingestellter Sattel hilft bei langen Bergaufstrecken, mehr Kraft zu entwickeln. Er kommt mehr den kraftvollen Bikern entgegen, die nicht so sehr auf den runden Tritt achten. Ein agiler Treter, der mit hohen Drehzahlen fährt, stellt den Sattel jedoch ein klein wenig niedriger. Genauso wichtig wie die Höhe ist die Lage des Bike-Stuhls in der Längsachse. Für diese Positionsbestimmung braucht man einen Partner und ein Lot. Normalerweise gilt die Faustregel, daß die Sattelspitze etwa vier bis sechs Zentimeter hinter dem Tretlager liegen sollte, aber genauer

scheibe nach unten durch die Pedalachse. Eher darf das Lot hinter der Achsmitte liegen als davor. Steht der Sattel nämlich zu weit vorne, gibt es das Gegenstück zum Tennis-Arm: das Bike-Knie — Meniskus und Bänder werden beim Treten über Gebühr belastet und können schmerzen.
Hat man die Inbusschraube unter dem Sattel für die Längsverstellung gelockert, justiert man auch gleich die Sattelfläche: Mit Hilfe einer Wasserwaage stellt man den Sattel genau waagerecht. Wer damit Probleme bekommt — häufig kommt dies bei Frauen vor —, kann auch die Sattelspitze leicht nach unten neigen. Mit diesen Einstellarbeiten haben Sie schon viel für die Kraftentfaltung und die richtige Beinarbeit getan, doch genauso wichtig für den Fahrkomfort ist die richtige Ober-

DIE MUSKELN SCHLUCKEN DIE STÖSSE

Bei korrekt eingestelltem Sattel darf der Rücken nicht gestreckt sein, wenn Sie sich auf Ihr Bike setzen. Auch die Arme sind in den Ellenbogen leicht abgewinkelt. Nur durch diese Krümmung können die

Muskeln Spannung aufbauen und damit Schläge und Stöße abfedern. Außerdem verändert man mit gebeugten Armen viel leichter seine Fahrposition nach vorne oder hinten – mit gestreckten Armen kann man nicht mehr schnell hinter den Sattel rutschen, wie es in manchen Situationen nötig ist. Faust- oder besser Armregel dafür: Man mißt mit dem Unterarm und der gestreckten Hand den Abstand zwischen Sattelspitze und Lenker. Passen zwischen Fingerspitzen und Lenker noch zwei Finger, ist die Sitzposition ok. Bringt man drei oder gar vier Finger dazwischen, wird die Haltung schon sehr sportlich und nach vorne gebeugt.

Richtige Sattelposition: Das Lot vom Knie verläuft durch die Pedalachse.

Für die Lenkerhöhe haben sich ebenfalls aus der Praxis bestimmte Regeln ergeben: Einsteiger sollten den Vorbau geringfügig (etwa ein bis zwei Zentimeter) unter das Sattelniveau stellen. Trainierte und sportliche Fahrer stecken den

Vorbau bis zum Anschlag ins Steuerrohr, um bei steilen Anstiegen möglichst viel Druck aufs Vorderrad zu bringen.

Wer wegen einer zu langgestreckten Sitzposition, bei der ziemlich viel Gewicht über die Schultern und Arme auf dem Lenker lastet, auch nach einer längeren Eingewöhnungsphase Rückenschmerzen bekommt, muß den Vorbau höher stellen oder ihn eventuell gegen ein kürzeres, steileres Exemplar austauschen. Auch die falsche Lenkerposition und die Breite der Lenkstange können einem den Fahrspaß vermiesen. Die modernen Lenker sind meist gekröpft, das heißt, die Lenkerenden sind um einige Grade (drei bis fünf) gebogen. Diese Krümmung sollte genau nach hinten oder ein wenig nach oben ausgerichtet sein. So muß man die Handgelenke nicht überstrecken oder übermäßig einknicken. Die angenehmste Griffposition ergibt sich bei etwa schulterbreitem Lenker. Moderne Lenkstangen weisen zwischen 56 und 60 Zentimeter auf, was den meisten Bikern gut paßt. Wem trotzdem die Unterarme einschlafen, der kann zusätzliche Hörnchen oder spezielle Lenkerformen ausprobieren, die verschiedene Griffmöglichkeiten erlauben.

Wenig Aufwand, aber eine große Wirkung bringt die richtige Einstellung der Armaturen: Wenn die Bremshebel einfach waagerecht an den Lenker geschraubt sind, muß man die Hand zu sehr öffnen und das Handgelenk abwinkeln. Dies kann Verspannungen verursachen und zu

Krämpfen in Händen und Armen führen. Verdrehen Sie die Bremshebel nach unten, so daß sie etwa im 45-Grad-Winkel stehen. Wenn Sie auf dem Bike sitzen, sollten sich die Bremsgriffe in der Verlängerungslinie Ihrer Arme befinden.

Diese ganzen Einstellarbeiten kosten Sie nur ein paar Minuten – die optimale Position auf dem Bike, die man damit erzielt, bringt dafür stundenlangen Fahrspaß.

3

CHECKLISTE

So stellen Sie Ihre Fahrposition optimal ein

● **SATTELHÖHE** – Das gestreckte Bein mit der Ferse auf das untere Pedal stellen.

● **SATTELPOSITION** – Die Sattelspitze liegt vier bis sechs Zentimeter hinter dem Tretlager. Bei waagerechter Kurbelstellung trifft das Lot von der Kniescheibe die Pedalachse oder liegt kurz dahinter.

● **SITZLÄNGE** – Der Unterarm reicht von der Sattelspitze mit gestreckten Fingern zum Lenker. Sportliche Position: vier Fingerbreit Abstand zwischen Hand und Lenker. Komfort-Position: zwei Fingerbreit Abstand.

● **LENKERHÖHE** – Einsteiger stellen den Lenker etwa zwei bis drei Zentimeter tiefer als den Sattel, sportliche Biker so tief wie möglich (bis zum Anschlag).

● **VORBAULÄNGE** – Für Einsteiger kurze Vorbauten bis 130 Millimeter Länge mit steilem Winkel für aufrechte Sitzposition. Sportliche Biker fahren längere Vorbauten bis 150 Millimeter mit flachem Neigungswinkel.

4 BIKE-FAHRSCHULE

Wie schön: Fürs Biken muß man nicht lange die Schulbank drücken. Ein paar Grundkenntnisse genügen, und es kann losgehen. Weg von der Straße, ab ins Gelände.

Was für ein Spaß! Endlich steht es da, das starke Stück, mit blitzenden Speichen und hochglanzpoliertem Rahmen. Nichts kann einen mehr halten – rauf aufs Bike. Bevor Sie allerdings losstürmen, sollten Sie sich erst einmal mit ein paar Grundkenntnissen vertraut machen. Offroad-Radeln bedeutet nämlich nicht nur Kondition, sondern vor allem Technik, Feingefühl und Geschicklichkeit: Viel Köpfchen spart Kraft. Richtiges Schalten ist genauso wichtig wie dosiertes Bremsen im passenden Moment, um scheinbar unbezwingbare Steigungen doch noch zu schaffen – rauf wie runter.

RICHTIG SCHALTEN

Hat das Einlegen des richtigen Gangs schon in der Autofahrschule für Schweißausbrüche gesorgt, so könnte es beim Bike schon fast zu einem Alptraum werden. Statt eines harmlosen Vierganggetriebes

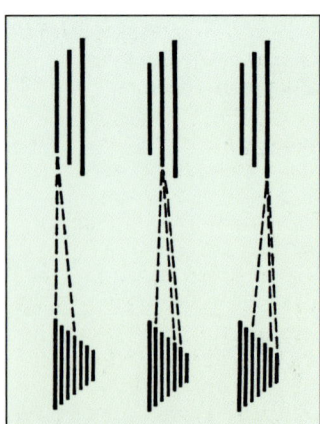

Die Kette soll nicht diagonal laufen, um Verschleiß zu vermeiden. Das Schema zeigt die besten Kombinationen.

RECHTE HAND – HINTERE SCHALTUNG
Drücken Sie den Schalthebel nach vorne von sich weg, dann springt die Kette
● aufs größere Rad
● Sie treten schneller
● Sie brauchen weniger Kraft
● Sie werden bei gleicher Trittfrequenz langsamer
● Sie benutzen diesen Gang an Steigungen

Ziehen Sie den Schalthebel nach hinten zu sich her, dann springt die Kette
● aufs kleinere Ritzel
● Sie treten langsamer
● Sie müssen kräftiger treten
● Sie werden bei gleicher Trittfrequenz schneller
● Sie benutzen diesen Gang für die Ebene oder bergab.

steht hier eine ganze Großfamilie von 21 oder sogar 24 Gängen zur Verfügung. Und dabei lassen die drei Kettenblätter vorn mit den sieben oder acht Zahnkränzen hinten

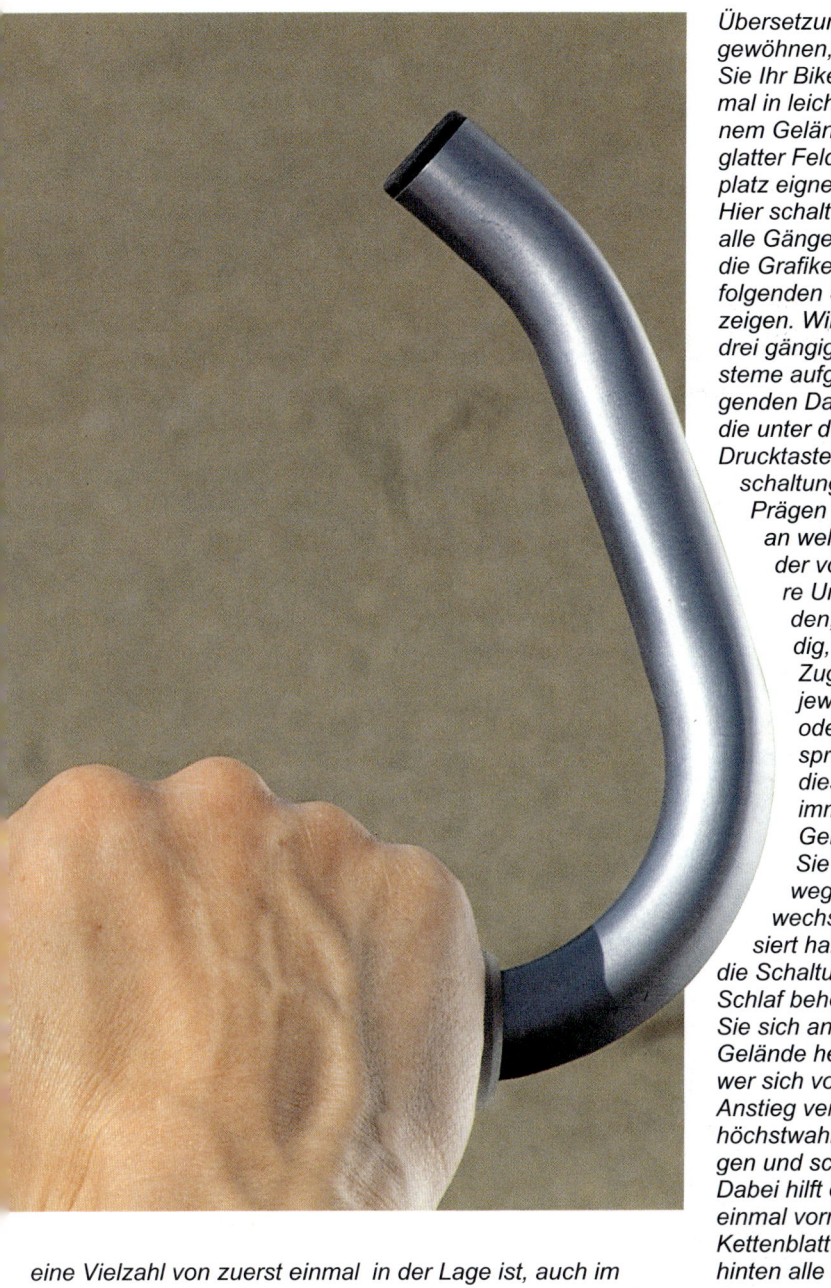

Übersetzungen zu gewöhnen, sollten Sie Ihr Bike erst einmal in leichtem, ebenem Gelände ausfahren: Ein glatter Feldweg oder ein Parkplatz eignen sich am besten. Hier schalten Sie nun einmal alle Gänge durch, wie es Ihnen die Grafiken auf dieser und den folgenden Seiten anschaulich zeigen. Wir haben dabei die drei gängigsten Schalthebelsysteme aufgeführt: die obenliegenden Daumenschalthebel, die unter dem Lenker liegenden Drucktasten und die Drehgriffschaltungen.

Prägen Sie sich genau ein, an welchem Schalthebel der vordere und der hintere Umwerfer bedient werden, lernen Sie auswendig, in welcher Zugrichtung die Kette jeweils aufs größere oder kleinere Zahnrad springt. Lassen Sie dieses Schaltschema immer wieder in Ihrem Gehirnkino ablaufen, bis Sie die kleinen Handbewegungen zum Gangwechsel völlig automatisiert haben. Erst wenn Sie die Schaltung beinahe im Schlaf beherrschen, sollten Sie sich an schwierigeres Gelände heranwagen. Denn wer sich vor einem steileren Anstieg verschaltet, muß höchstwahrscheinlich absteigen und schieben.

Dabei hilft es, im Anfang erst einmal vorne auf dem mittleren Kettenblatt zu bleiben und hinten alle sieben oder acht Gänge durchzuspielen.

Erst nach etwas Übung sollten Sie die Kette auch vorne zum großen oder kleinen Kränzchen einladen.

eine Vielzahl von zuerst einmal verwirrenden Kombinationen zu. Das Schaltsystem eines Bikes ist also gewöhnungsbedürftig, und es dauert in der Regel eine Zeitlang, bis man

in der Lage ist, auch im schwierigen Gelände auf Anhieb den passenden Gang zu finden.

Um sich möglichst schnell und einfach an die vielen

23

RECHTE HAND –
HINTERE SCHALTUNG
Drücken Sie den Daumenhebel,
dann springt die Kette aufs größere Ritzel
- Sie treten schneller
- Sie brauchen weniger Kraft
- Sie werden bei gleicher Trittfrequenz langsamer
- Sie benutzen diesen Gang an Steigungen

Drücken Sie den Zeigefinger-Hebel,
dann springt die Kette aufs kleinere Ritzel
- Sie treten langsamer
- Sie müssen kräftiger treten
- Sie werden bei gleicher
Trittfrequenz schneller,
- Sie benutzen diesen Gang
in der Ebene oder bergauf.

Da bei älteren Schaltungen meist noch keine echte Rasterfunktion des vorderen Schaltwerks angeboten wurde, müssen Sie hier den linken Schalthebel mit Gefühl und Erfahrung in die richtige Position bringen. Um zu erkennen, ob die Kette richtig läuft, können Sie im Anfang kurz nach unten schauen. Achten Sie dabei auch darauf, ob der vordere Umwerfer an der Kette streift – das erzeugt nicht nur einen rasselnden

Sound, sondern auch mehr Reibung und damit mehr Verschleiß.

Versuchen Sie nun, immer die richtige Getriebestufe fürs jeweilige Gelände zu finden: Windmühlengänge, bei denen Sie langsam und mit viel Kraft treten müssen, sind nur etwas für Leute mit guter Kondition. Sie ermüden bei niedriger Kurbelfrequenz viel schneller als beim leichteren und schnelleren Tritt. Auf der anderen Seite sollten Sie auch nicht immer im kleinsten Gang dahinspulen – das kostet zwar wenig Kraft, aber bringt auch wenig Vortrieb. Fahren Sie immer mit einem gewissen Pedaldruck und so, daß die Beine mit einer Drehzahl von etwa 60 bis 80 Pedalhüben pro Minute kreisen. Diese Kadenz können Sie leicht mit einer Stoppuhr messen oder im Sekundentakt mitzählen: 21, 22, 23...

OPTIMALES SCHALT-SCHEMA FÜR WENIG VERSCHLEISS

Wer schließlich soweit ist, alle Gänge passend einzusetzen, der sollte noch ein paar Regeln beachten, die nicht nur eine gute Geländeanpassung ermöglichen, sondern auch den Verschleiß des Kettengetriebes minimieren. Wichtig: Die Kette sollte nie diagonal laufen. Das bedeutet, daß der Gliederstrang möglichst nicht vom größten Kettenblatt vorne zum größten Ritzel hinten und ebenso nicht vom kleinsten Zahnkranz vorne zum kleinsten Kränzchen hinten geführt werden sollte. Diese Diagonalführung erzeugt nämlich eine satte Reibung der Kettenglieder an den Zähnen, was den Verschleiß

Die Drehgriffschaltung funktioniert analog zu den Hebelschaltungen: Drehung nach hinten, und die Kette springt aufs größere Ritzel, Drehung nach vorn, und die Kette wandert aufs kleinere Ritzel.

erhöht. Außerdem werden durch die schräge Führung die Kettenglieder so stark ausgeleiert, daß schon nach kurzer Zeit die Schaltung nicht mehr präzise funktioniert.

Am besten, Sie lassen die Kette nur in dem Bereich laufen, wie es in dieser Grafik eingezeichnet ist.

Beim Schalten in der Ebene treten Sie ganz normal weiter – die Umwerfer verrichten auf Daumendruck ihren Dienst automatisch.

Die neuen Schaltungen sind zum großen Teil sogar so belastbar, daß sie auch an starken Steigungen unter Volldampf die Kette noch aufs nächstgrößere Ritzel liften.

VORAUSSCHAUEN UND VORAUSSCHALTEN

Sie sind jetzt soweit, daß Sie auf der Straße und im leichten Gelände mühelos und automatisch den richtigen Gang finden.

Als nächstes geht es darum, auch im technisch schwierigeren und steileren Gelände immer die passende Kraftübertragung bereitzustellen. Denn wer sich vor einem Steilhang verschaltet, wird vom Biker zum Wanderer.

Um den schmachvollen Abstieg aufgrund eines Schaltfehlers auszuschließen, gilt es, vorausschauend zu fahren und frühzeitig zu schalten. Schon mit ein bißchen Routine werden Sie das Gelände vor Ihnen sehr professionell beurteilen können und dann frühzeitig den richtigen Gang wählen.

Schalten Sie jedoch auch nicht zu früh in einen kleinen Gang, denn dann treten Sie ins Lee-

re, verlieren an Geschwindigkeit und haben eventuell zu wenig Power, um die ganze Steigung durchzustehen. Gehen Sie allerdings trotzdem relativ frühzeitig auf das kleinste Kettenblatt vorne, denn in der Steigung unter voller Belastung schafft es der vordere Umwerfer bei manchen Schaltungen nur mühsam, die Kette ein Stockwerk hinunterzuwürgen. Das hintere Schaltwerk zeigt sich meist williger und zwingt den Gliederstrang auch bei zu spätem Schalten und voller Kraft voraus noch aufs größte Ritzel.

Sollte es nun trotzdem passiert sein, daß Sie im zu hohen Gang, also auf dem mittleren Kettenblatt vorne in den Steilhang geraten, so hilft nur eins gegen den unfreiwilligen

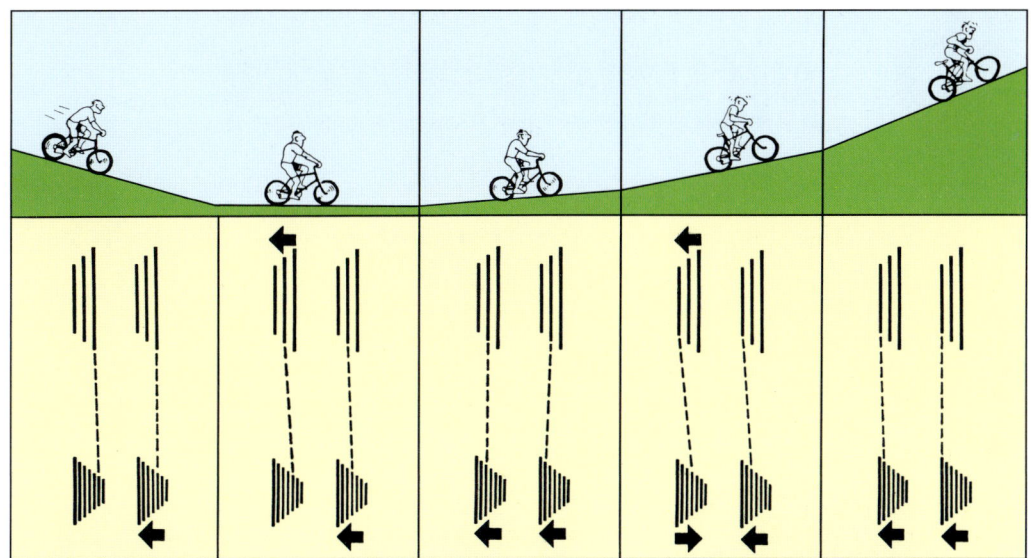

So schalten Sie am besten vom Abhang über die Ebene zum steiler werdenden Berg.

Die Kette wird kontinuierlich nach links geliftet. Nur wenn Sie vorne aufs kleine Blatt gehen, sollten Sie

hinten noch mal zwei Gänge raufschalten, damit Sie nicht zu leicht treten.

Abstieg: kurz aufstehen und im Wiegetritt etwas beschleu-

nigen, dann hinsetzen, etwas Kraft von den Pedalen neh-

men und dabei die Kette springen lassen.

5 RICHTIG BREMSEN

Die Faszination des Bikes liegt nicht nur in der enormen Geländegängigkeit, sondern auch in der Sicherheit, die die starken Bremsen vermitteln. Mit gut eingestellten Bremsen stehen Sie aus vergleichbarer Geschwindigkeit schneller als jedes Auto.

Was die vielstufige Schaltung des Mountain Bikes fürs zügige Fortkommen im Gelände leistet, das bringen die präzisen und leichtgängigen Bremsen fürs vehemente Verzögern. Und es ist gerade diese ausgezeichnete Kontrolle bei schnellen Offroad-Abfahrten, aber auch im Straßenverkehr, die die Sicherheit der Velo-Piloten garantiert. Die ausgereifte Technik der Bremsen läßt das blitzartige Stoppen mit blockierten Rädern zu. Das ist der Grund, warum Sie Ihre Bremsen eben nicht nur zur Geschwindigkeits-, sondern auch zur Richtungsänderung benutzen können. Erst ein blockiertes Hinterrad macht nämlich gedriftete Turns möglich, also eine Kombination aus hoher Bremswirkung und gekonntem Ausweichmanöver. Solche Powerslides dienen dabei nicht nur der Sicherheit, sondern sie können auch im Wettkampf die Kurvengeschwindigkeit erhöhen, sie sehen spektakulär aus und sie bringen jede Menge Spaß. Könner schaffen es sogar, mit einem sehr kurz blockierten Vorderrad das Heck des Bikes anzulupfen, in der Luft zu drehen und damit einen engen und faszinierenden Haken zu schlagen.

RECHTE BREMSE HINTEN, LINKE BREMSE VORN

Doch bevor Sie ins Nirwana der oberen Könnensstufen aufsteigen, sollten Sie sich erst einmal mit dem gesamten Bremsverhalten Ihres neuen Bikes vertraut machen. Dazu gehört vor allem, daß Sie zu jedem Zeitpunkt genau wissen, welche Hand welche Bremse bedient. 90 Prozent aller Offroad-Maschinen werden heute vom Hersteller oder Händler so montiert, daß die rechte Hand über die hintere Bremse gebietet und die linke über die vordere. Rennrad- oder Motorradfahrer werden sich bei dieser Anordnung zwar umgewöhnen müssen, aber dennoch sprechen zwei starke Argumente für diese Position der Bremsgriffe: Da die meisten Menschen Rechtshänder sind, haben sie in dieser Pranke mehr Kraft und auch eine größere Bereitschaft, kräftig zuzupacken. Würde also hier die vordere Bremse bedient, so käme es viel wahrscheinlicher zur Blokkade des Vorderrades und damit zur Chance eines unfreiwilligen Saltos über den Lenker. Außerdem ist das Zusammenspiel von Schaltung und Bremse für den Einsteiger in dieser Anordnung klarer: Rechte Hand ist gleich hintere Schaltung und hintere Bremse, linke Hand ist gleich vordere Schaltung und vordere Bremse.

WO LIEGT DER DRUCKPUNKT?

Wie auch immer Sie Ihre Bremsen montieren lassen, zuerst einmal sollten Sie sich an die spontane Verzögerung Ihres Bikes gewöhnen. Dabei spielen Sie am besten zuerst einmal nur mit der hinteren Bremse und geben erst dann dosiert immer mehr Verzögerungskraft mit den vorderen Cantilever-Hebeln dazu. Später, bei schnellen Abfahrten im Gelände, werden Sie bis zu 90 Prozent der Verzögerungskräfte über die vordere Bremse auf Ihr Stollen-Bike bringen. Versuchen Sie bei gezogener Hinterradbremse mal bewußt zu erfahren, wie stark die Bremswirkung zunimmt, wenn Sie zusätzlich noch den vorderen Griff zuschalten.

Gehen Sie als nächstes daran, genau herauszufinden, wo der Druckpunkt Ihrer Bremshebel liegt und wie stark Sie zupakken müssen, um ein Rad zu blockieren. Sollte der Druckpunkt des Hebels zu weit vom Lenker weg liegen, werden Sie bei längeren Abfahrten schnell Krämpfe in den Händen kriegen. Liegt der Druckpunkt zu nahe am Lenker, können Sie die volle Bremskraft nicht ausschöpfen, weil der Hebel am Lenkergriff anschlägt. Stellen Sie also Ihre Bremse an der Rändelschraube so ein, daß der Druckpunkt etwa in der Mitte des Hebelweges liegt.

Wenn Sie sich an den Grip-Punkt gewöhnt haben, versuchen Sie, die Verzögerung genau zu dosieren, ein Feeling für die Kraft zu bekommen, mit der Sie Ihr Bike zum Stillstand bringen. Üben Sie das zuerst auf Asphalt, dann auf losem Untergrund und später auch mal bei Nässe. Auf feuchten Felgen greifen die schwarzen Gummiklötzchen nämlich deutlich schlechter, und der Bremsweg verlängert sich dadurch erheblich. Sogar Temperaturunterschiede können die

In Gefahrensituationen verzögert man mit beiden Bremsen zugleich am besten.

Funktion der Bremsen beeinflussen, weil die Bremsgummis bei Kälte härter und spröder werden.

SCHLEUDERKURS FÜR BIKE-PILOTEN

Um das Gefühl fürs dosierte Bremsen zu schulen, sollten Sie sich jetzt an der Straße oder am Feldweg Punkte suchen, an denen Ihr Vorderrad exakt zum Stehen kommt. Das kann ein Kanaldeckel sein, die gedachte Linie zwischen zwei Bäumen oder einfach ein mit dem Fuß gekratzter Strich im Schotter.
Fahren Sie nun mit etwas höherer Geschwindigkeit an und versuchen Sie genau an Ihrer Markierung zum Stehen zu kommen. Erhöhen Sie dann peu à peu die Geschwindigkeit und probieren Sie, den Bremsweg durch immer späteres und kräftigeres Anbremsen zu verkürzen.
Machen Sie sich mit Freunden zusammen ein Spielchen aus dieser Übung, bis Sie sich an den kürzestmöglichen Bremsweg herangetastet haben. Die beste Verzögerung erreichen Sie dabei, wenn Sie versuchen, beide Räder knapp vor der Blockiergrenze zu halten. Ist das Gefühl für die negative Beschleunigung in Fleisch und Blut übergegangen, können nen Sie sich getrost an extremere Situationen herantasten: Versuchen Sie mal das Hinterrad zu blockieren – zuerst wieder auf Asphalt, dann auf Kies oder Schotter. Erfahren Sie ganz bewußt, wie das Bike beim Rutschen mit blockiertem Hinterrad auf kleine Gewichtsverlagerungen reagiert und dabei seitlich ausbricht.
Versuchen Sie dann auch mal ganz vorsichtig, auf lockerem Untergrund das Vorderrad sehr kurz zu blockieren. Sie werden merken, daß Ihr Fahrrad dann in Kurven nicht mehr kontrollierbar ist und sofort

In schnellen Schotterkurven zuerst nur mit der Hinterradbremse verzögern.

vorne seitlich wegrutschen möchte. Aber auch das bringt Ihnen ein Gefühl dafür, wie weit Sie bei einem später vielleicht mal nötigen Not-Stopp gehen können. Achtung: Riskieren Sie dabei bitte keinen Frontloop.

Legen Sie sich jetzt schließlich ein kleines Hindernis an Ihren Markierungspunkt. Das kann ein kurzer Ast genauso sein wie ein Ball oder ein alter Lappen. Probieren Sie nun, aus hoher Geschwindigkeit heraus anzubremsen, kurz vor dem Hindernis die Bremsen zu lokkern und dem Hindernis auszuweichen. Versuchen Sie dabei die Markierung so knapp wie möglich zu umfahren, ohne gleichzeitig zu bremsen. Betrachten Sie dies einfach als Vorübung für rasante Abfahrten im Gelände, bei denen Sie später unweigerlich Felsbrocken und Baumwurzeln ausweichen müssen.

Zum Schluß der Bremsübungen nehmen Sie sich nun die heißesten Varianten vor − die gedrifteten Kurven. Für solche Richtungsänderungen mit blockiertem Hinterrad suchen Sie sich am besten einen breiten, unbefahrenen Schotterweg oder einen einsamen Parkplatz. Treten Sie jetzt zu etwas höherem Speed an und bringen Sie dann mit beherztem Zug das Hinterrad zum Stillstand. Legen Sie sich dabei in die Kurve und strekken Sie im Anfang den kurveninneren Fuß aus, um sich eventuell am Boden abstützen zu können.

Driften Sie mit dieser Heckschleuder jedesmal ein Stück weiter herum, bis Sie eine volle 180-Grad-Drehung schaffen. Schließlich probieren Sie

Ein überbremstes Vorderrad kann leicht ausbrechen und Stürze provozieren.

es auch noch, ohne den Fuß vom Pedal zu nehmen: Dabei stehen Sie mit waagerecht liegenden Kurbeln auf beiden Pedalen und leiten den Powerslide nur mit Gewichtsverlagerung ein, wobei Sie leicht gegenlenken. Wenn Sie

auf diese Art ebenfalls eine 180-Grad-Drehung mit Ihrem Bike schaffen, dürfen Sie sich schon zu den Könnern zählen. Außer im Rennen sollte man auf die Drifttechnik aber verzichten, um Schäden in der Natur zu vermeiden.

6 EINGERASTET

Viele Biker rasten aus, wenn sie im Gelände von der Trittleiste rutschen. Jetzt rasten immer mehr Offroad-Fans ein – ins Click-Pedal. Welche Vorteile bringt die feste Bindung, und was macht ein gutes System-Pedal aus?

Die Clickpedale von Shimano haben bei Mountainbikes ein neues Zeitalter eingeläutet.
Die Bezeichnung „SPD" steht inzwischen als Synonym für Pedale am Mountainbike, die wie eine Skibindung funktionieren.
Das Kürzel bedeutet „Shimano Pedaling Dynamics" und steht für das Clickpedal-System des japanischen Komponentenriesen aus Osaka.
Dieses System besteht aus beweglichen Haltebacken am Pedal und einem Metallzapfen in der Schuhsohle, der in die Halterung einrastet. Der Fuß besitzt trotz der festen Verbindung seitliche Bewegungsfreiheit. Ähnlich wie die Ski-Sicherheitsbindungen Anfang der 50er Jahre hat sich dieses Clickpedal in den letzten Jahren immer stärker durchgesetzt. Wettkampf-Profis benützen es inzwischen ausnahmslos.

CLICKPEDALE AUCH FÜR HOBBYBIKER?

Doch nicht nur im Wettkampf bringt die feste Beziehung zum Pedal immense Vorteile, auch für Normalbiker zahlt sich der enge Kontakt zur Fußraste aus:
+ Man steigt schneller ins Pedal ein – reintreten und wohlfühlen heißt die Devise. Das nervende Rumgefische nach der hakeligen Fußraste und das darauffolgende Zuziehen der Riemen gehören der Vergangenheit an – besonders das Anfahren am Berg funktioniert mit Clickpedalen viel leichter. Für Rennfahrer bedeutet das schon beim Start einen Vorsprung von ein paar Metern gegenüber Konkurrenten mit her-

kömmlichen Pedalen, Normalbiker freuen sich am Komfort des leichten Einstiegs.
+ Man kann sich leichter vom Pedal abkuppeln – wenn man's einmal raushat. Nicht umsonst stehen fast alle Rennfahrer auf SPD-Pedalen – vor allem auf Strecken mit häufig wechselnden Lauf- und Fahrpassagen besitzt man Vorteile. Dagegen bleibt man mit grobstolligem Schuh-Profil auf den scharfkantigen Bärentatzen-Pedalen

gleichmäßige Kurbelbewegung und einen runden Tritt konzentrieren, am Berg unterstützt man den Lift durch gezieltes Ziehen nach oben. Mit Haken und Riemen sitzt der Fuß zwar auch fest, doch der Käfig umklammert nur den halben Fuß und läßt ihm noch eine geringe senkrechte und seitliche Bewegungsfreiheit. Dagegen bildet der Schuh mit dem SPD-Pedal ein vertikal starkes System, bei dem nichts verrutschen kann.

leicht hängen, wenn die Riemen fest angezogen sind. Mit Clickpedalen besitzt man eine sichere und feste Bindung, aus der man sich aber jederzeit problemlos ausklinken kann.
+ Durch die feste Verbindung überträgt man seine Kraft äußerst effektiv auf das Pedal. Weil der Fuß auf dem Pedal sich weder vor- noch zurückbewegen kann, sitzt er immer auf der richtigen Stelle – mit dem Fußballen direkt über der Pedalachse. Auf der Ebene kann man sich darum ganz auf eine

+ Weiterer Pluspunkt: Je nach Können und Einsatzbereich kann man den Auslösemechanismus hart oder weich einstellen – Anfänger und Tourenbiker wollen meist möglichst leicht aus dem Pedal kommen, während sich Rennfahrer in einer knallharten Verbindung oft sicherer fühlen.
+ Der Vorteil für Überflieger: Sprünge werden zum Kinderspiel. Wer bisher noch keinen Bunny Hop konnte, lernt ihn mit Clickpedalen bestimmt. Man muß sich nicht mehr zwischen

wiegt 504 Gramm, das Paar Shimano SPD-737 508 Gramm, und die Einsätze für die Schuhe bringen noch mal 67 Gramm auf die Waage – das sind gerade mal 71 Gramm mehr als die XT-Trittleiste.

WER „CLICKEN" WILL, MUSS UMLERNEN

Bei so viel Vorteilen fragt man sich, warum man die Schnell-Rasten nicht schon an jeder Kurbel findet. Doch obwohl die Clickpedale unbestritten ein Schritt nach vorne sind, besitzen sie auch Nachteile:

– Das größte Manko: Man muß sich völlig umgewöhnen. Dabei ist das Einrasten in das Pedal einfacher als sich wieder von ihm zu lösen. Hat man sich nämlich eingeklinkt, ist man erstmal Gefangener des Systems. Dann gilt's: bis ans Ende aller Tage kurbeln oder den Ausstieg finden – ansonsten kippen Roß und Reiter um. Zugegeben, noch jeder SPD-Neuling ist anfangs mehrmals umgefallen, weil ihn die Trittleisten nicht freigeben wollten. Der Grund: Alle Haken- und Riemen-Fahrer haben die Ausstiegs-Bewegung des Fußes nach hinten so verinnerlicht, daß ihnen das auch so schnell nicht auszutreiben ist. Wenn ein SPD-Beginner in einer brenzligen Situation schnell aus dem Pedal möchte, wird er anfangs – wie tausendmal vorher – den Fuß nach hinten ziehen – und dann langsam wie ein nasser Sack umfallen, weil ihn das Pedal für die falsche Bewegung mit Ausgangssperre straft. Das Paradoxe daran: Wenn man seitlich abkippt, soll

Lenker und Pedal verkeilen, sondern braucht nur noch synchron an Pedalen und Lenker zu ziehen – schon ist man in der Luft.

+ Auch abgestorbene und gefühllose Füße gehören der Vergangenheit an: Vor allem sportliche Biker und Rennfahrer müssen ihre Pedalriemen extrem festziehen, um im Gelände sicheren Halt auf dem Pedal zu finden und die Kraft effektiv übertragen zu können. Das schnürt den Fuß natürlich ab, so daß die Blutzufuhr gedrosselt ist. Die Folge waren eingeschlafene und – bei niedrigen Temperaturen – eiskalte Mauken. Mit Clickpedalen hat das Abschnüren ein Ende, und der Fuß kann seine neue Freiheit ohne Einschränkungen genießen.

+ Es gibt keine verletzungsträchtigen Zacken mehr wie bei den griffigen Bärentatzenpedalen – SPD-Pedale besitzen kaum Ecken und Kanten. Die Zeiten, in denen das

Schienbein nach einem Rutscher von Pedal aussah, als ob der weiße Hai zugebissen hätte, sind damit vorbei.

+ Click-Pedale bauen schmaler als normale Fußrasten. Dadurch sind größere Schräglagen in Kurven möglich, in denen man noch weiterkurbeln kann – beim SPD-Pedal bis zu 31 Grad. Der Vorteil: Während Fahrer mit normalen Trittleisten noch mit waagerecht gestellten Pedalen um die Kurve rollen, kann der SPD-Fahrer schon wieder antreten und aus der Kurve beschleunigen.

+ Auch beim Laufkomfort haben normale Bike-Treter den SPD-kompatiblen Schuhen kaum etwas voraus. Anders als bei Rennrad-Clickpedalen stören die Einsätze weder beim Laufen noch beim Biken mit normalen Pedalen, da sie in der Sohle verborgen sitzen.

+ Auch das Gewicht ist gegenüber normalen Pedalen kaum höher: Ein Paar XT-Pedale mit Haken und Riemen

man den Fuß auch noch in diese Richtung drehen – eine widersinnige Bewegung. Diese Umstellung erfordert oft viel Zeit, in der man noch einige Male Bekanntschaft mit dem Untergrund macht.

– Es gibt keine Alternative: Man kann nur eingeklinkt fahren, da das schmale und rutschige Pedal keinen sicheren Halt für die Sohlen bietet – man hängt mit ihm also auf Gedeih und Verderb zusammen. In schwierigen Trialpassagen oder auf Strecken, wo es seitlich mehrere Meter abwärts geht, haben viele Biker Angst, daß sie nicht rechtzeitig aus dem Pedal kommen, wenn sie das Gleichgewicht verlieren. Dagegen kann man die meisten normalen Pedale einfach umdrehen und ohne Haken die schwierige Sektion durchfahren. In einer gefährlichen Situation hat man den Fuß schnell auf dem sicheren Boden und kann sich abstützen.

SPD-ANHÄNGER BEKLAGEN AUSRUTSCHER

– Die Einsätze verbergen sich zwar in der Sohle, doch wenn das Profil schon abgelaufen ist, stehen die Beschläge etwas über – auf glatten Böden tanzen SPD-Pedalierer auf ihren Hufeisen dann wilde Schuhplattler. Auf felsigem Untergrund verursachen die kleinen Einsätze ebenfalls schon mal eine unfreiwillige Rutschpartie.

– Oft erkaltet die heiße Liebe zum Clickpedal im Winter. Der Grund: Die meisten SPD-Schuhe waren bisher nur sommertauglich, und bei häufig rutschigem Untergrund im Winter ist vielen SPD-Fans die feste Bindung zu gefährlich – beim Sturz heißt's: Mitgehangen – mitgefangen. Ein Seitensprung zum dicken Wandertreter ist darum keine Seltenheit.

– Wenn's draußen friert, gibt's weiteren Streß: Oft läuft man durch Schneematsch und befördert diesen dann beim Einra-

SO FUNKTIONIERT DAS SPD-PEDAL

Tritt man auf das Pedal, drückt sich eine – mit Federkraft vorgespannte – bewegliche Halteklammer kurzzeitig nach außen, und ein speziell geformter Schuheinsatz rastet ein. Die Haltebacke ist mit zwei einstellbaren Federn verbunden, die für die Auslösehärte verantwortlich sind. Die Halteplatte, auf der der Einsatz sitzt, ist in der einen Hälfte seitlich um etwa 45 Grad hochgebogen, damit man nicht einfach rausrutscht. Bewegt man den Fuß nach außen, gleitet der Schuheinsatz wie über eine Schanze nach oben, hebelt dabei die bewegliche Haltebacke auf – und rutscht aus seiner Fixierung heraus.

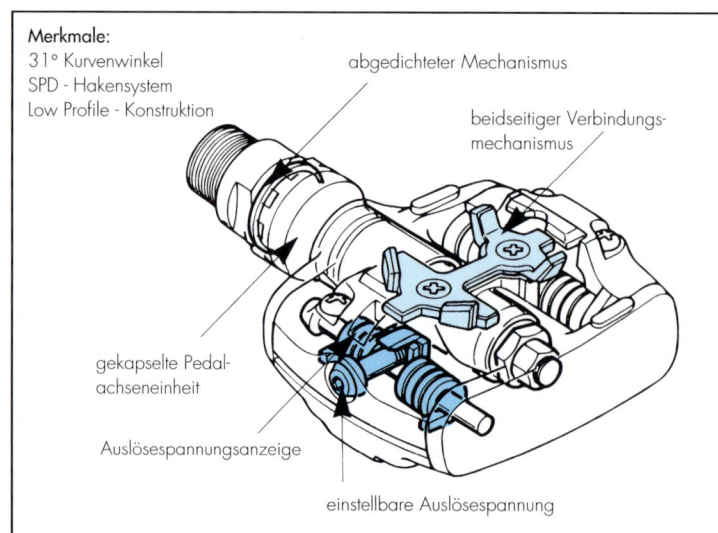

Merkmale:
31° Kurvenwinkel
SPD - Hakensystem
Low Profile - Konstruktion

abgedichteter Mechanismus

beidseitiger Verbindungsmechanismus

gekapselte Pedalachseneinheit

Auslösespannungsanzeige

einstellbare Auslösespannung

sten in das Pedal. Durch die Bewegung der Einsätze im Pedal kommt man zwar immer raus, doch wenn das Bike ein paar Minuten steht, gefriert der Modder und blockiert die Mechanik. Die Folge: Kontaktsperre – man kommt nicht mehr rein. Doch auch hier kann man sich einfach helfen: Ein paar Tritte gegen das Pedal erweisen sich als wirksames Sesam-Öffne-Dich.

■ Auch die seitliche Auslösung der Pedale wird manchmal zum Problem. Durch unbeabsichtigtes Verdrehen bei Tricks wie dem Versetzen des Hinterrades oder Sprüngen sagt das Pedal nur kurz Tschüs und entläßt den Fahrer ohne Vorwarnung in die ungewollte Freiheit – das führt schon mal zu Slapstickeinlagen, wenn der Fahrer krampfhaft versucht, wieder Anschluß zu finden.

SO RASTET MAN EINFACH EIN UND AUS

Hat man sein Clickpedal erstanden, heißt's erstmal langsam treten: Wie bei allem Neuen muß man auch beim „Clicken" erstmal eine Lernphase einkalkulieren. Viele SPD-Anfänger stehen vor allem der großen Anhänglichkeit der Clickpedale sehr skeptisch gegenüber: Sie fühlen sich anfangs, als ob man sie in Ketten gelegt hätte. Ihre größte Angst: Komme ich da überhaupt wieder raus? Doch nach einigen Versuchen funktioniert es schon ganz gut. Am besten clickt man ein, indem man einfach direkt von oben auf das Pedal tritt. Wichtig ist dabei, die richtige Fußstellung für den Einstieg zu finden.
Der SPD-Novize füßelt hin und

her, weil das Gefühl noch fehlt, wo sich am Schuh das Gegenstück für die Verbindungsstelle am Pedal befindet. Das erfordert anfangs einiges Probieren. Will man wieder auslösen, dreht man einfach den Fuß seitlich nach außen. Wieviel Kraft man dabei aufwenden muß, hängt von der Auslösespannung ab, die man individuell einstellen kann.

SPD-FAHREN LERNT MAN IN KLEINEN SCHRITTEN

Ein spezielles Kontaktprogramm für Anfänger hilft, die Hemmschwelle vor der totalen Pedal-Abhängigkeit zu überwinden. So wird aus der ersten lockeren Bekanntschaft schnell eine dauerhafte Liaison:
1. Wichtigste Prämisse vor dem Training: Man sollte den Auslösemechanismus des Pedals locker einstellen, damit es den Fuß möglichst leicht freigibt. Besser, das Pedal löst mal unfreiwillig aus als zu schwer.
2. Den Ein- und Ausstieg übt man anfangs im Stehen mit nur

einem Fuß, dann beim Fahren auf einem ebenen Weg in beiden Pedalen. Klappt das akzeptabel, simuliert man den Geländeeinsatz: Man balanciert auf der Stelle und löst kurz vor dem Umkippen aus – eine ähnliche Situation, als wenn man ein Hindernis nicht überwinden kann und abrupt absteigen muß.
3. Klappt das ganz ordentlich, kann man sich in leichtes Gelände wagen und versucht auch hier den Ein- und Ausstieg.
4. Bereitet das Rein-Raus-Spiel auch hier keine Schwierigkeiten mehr, stehen die ersten Bunny Hops auf dem Programm – nur gleichmäßig an Pedalen und Lenker ziehen, einfacher geht's nicht. Am besten übt man den Lift über kleine Äste oder Steine, die auf dem Weg liegen. Dabei sollte man darauf achten, die Füße während des Sprungs nicht seitlich zu verdrehen, da das für das Pedal ein Trennungsgrund ist – es haut einen aus der sicheren Bindung ohne Ankündigung raus.

VOR- UND NACHTEILE DER CLICKPEDALE

+ Schneller Ein- und Ausstieg	– Längere Eingewöhnungszeit
+ Effektive Kraftübertragung durch feste Verbindung	– Man kann nur eingerastet fahren, da das Pedal für die Sohlen keinen Halt bietet – darum in Trialsektionen schwierig
+ Auslösehärte nach Wunsch einstellbar	
+ Man kann einfacher springen	– Wenig alltagstauglich, da man mit Straßenschuhen nicht fahren kann
+ Der Fuß wird nicht durch Riemen abgeschnürt	– Bei abgelaufener Sohle stehen die Einsätze über, so daß man ausrutschen kann
+ Geringe Verletzungsgefahr, da keine scharfen Kanten am Pedal	
+ Durch schmale Bauweise ist auch bei starker Kurvenschräglage noch Treten möglich	– Im Winter droht Gefahr, da man leichter stürzen und am Pedal hängenbleiben kann
+ Fast gleicher Laufkomfort wie normale Bike-Treter	– Gefrorener Schneematsch im Pedal kann die beweglichen Teile blockieren
+ Kaum höheres Gewicht	– In Kurven oder beim Springen ist unbeabsichtigtes Auslösen möglich
	– Hoher Preis

7 RICHTIGES PEDALIEREN

Jeder Bike-Novize denkt: Radfahren ist kinderleicht — man tritt einfach nur in die Pedale. Aber zwischen Treten und Treten gibt es große Unterschiede. Nicht umsonst nennen die Profis ihre Art zu strampeln vornehm Pedalieren. Hier steht, wie und warum man mit der richtigen Kurbel-Technik besser fährt.

ZIEHEN SPART KRAFT

Bei einer Bike-Tour im Gelände ist es jedoch unmöglich, den optimalen runden Tritt zu fahren wie auf der Straße. Ständig wechseln die Geländeformationen, so daß man schalten oder kurz mit dem Treten innehalten muß. Das Aufstehen und Ausbalancieren und die kurzen, schnellen Ab- und Auffahrten bringen den Biker ebenfalls immer wieder aus dem Tritt. Aber die Technik des runden Pedalierens bringt dem Offroad-Anhänger trotzdem viele Vorteile: Er überträgt die Power der Beine optimal aufs Pedal und spart bei langen Anstiegen Kraft. Auch in der Ebene verbraucht er weniger Energie und erzielt bei gleichem Aufwand höhere Geschwindigkeiten.

Erste Voraussetzung für den runden Tritt sind Haken und

Leicht und locker rollt Peter auf seinem Bike dahin. Die Füße wirbeln schön im Rhythmus, fast ohne Anstrengung saust er über den Waldweg. Daneben keucht sein Kumpel Klaus und hat Mühe, selbst im Windschatten mitzuhalten. „Du fährst auch Rennrad", stöhnt Klaus bei der langersehnten Verschnaufpause, „Du hast die bessere Kondition." „Beim Joggen läufst Du mir aber immer davon", entgegnet Peter. „Ich bin schneller, weil Du noch keine Technik beim Pedalieren hast. Du verschenkst Kraft bei jeder Umdrehung, und Du brauchst zuviel Kraft, weil Du mit zuwenig Kurbelumdrehungen fährst."

So wie Klaus geht es vielen Bike-Einsteigern. Trotz guter Kondition könnte er beim Biken noch viel besser werden — er müßte nur seine Füße mehr bewegen. Auf dem Straßen-Rennrad trainieren die Profis wochenlang, um den sogenannten runden Tritt in ihr Bewegungsmuster einzustrikken. Als Bike-Worldcup-Fahrer Jürgen Sprich noch Straßenrennen fuhr, legte er jedes Frühjahr regelmäßig 1000 bis 2000 Kilometer mit einer Über-

setzung von 42-18 und einer starren Achse ohne Freilauf zurück, um diese Technik in die Beine zu bekommen. Gleichzeitig mit der richtigen Pedaliertechnik feilen die Straßenarbeiter an der richtigen Umdrehungszahl: 90 bis 110 Kurbelumdrehungen pro Minute sind für einen guten Fahrer ganz normal. Ein untrainierter Biker kriegt da schon ganz schön dicke Beine, wie es im Radler-Jargon heißt.

Beim richtigen Pedalieren bewegt der Biker bei jeder Kurbelumdrehung den Fuß aktiv mit. Schon bevor die Kurbel senkrecht steht, muß man die Zehenspitzen anheben und die Ferse nach unten drücken, um das Pedal schneller und flüssiger über den oberen Totpunkt zu drücken. Üben Sie diese Bewegung beim langsamen Treten, um Gelenke und Muskeln daran zu gewöhnen.

Riemen oder ein Sicherheits-pedal mit dem dazugehörigen Systemschuh. Wenn man sehr effektiv treten will, muß man den Riemen sogar ganz fest-ziehen. Der Einsteiger braucht diese feste Verbindung zum Pedal eigentlich nur bei lan-gen Bergauffahrten, wo er vor dem Anstieg den Riemen anzieht und oben dann wieder lockert. Wenn der eine Fuß nach unten drückt, zieht der andere Fuß mit nach oben. Ganz wichtig ist dabei auch der richtige Schuh. Denn er darf an der Ferse nicht rut-schen, wenn man mit dem Fuß zieht.

LOCKERE KNÖCHEL FÜR DEN RUNDEN TRITT

Das Treten mit dem vorderen Fuß nur nach unten, wie bei vielen Einsteigern und Hobby-Fahrern zu beobachten, heißt bei den Profis „Hack-Stil": Man hackt das Pedal nur nach unten, nachdem es den obe-ren Totpunkt (senkrechte Kur-belstellung) überschritten hat, anstatt eine echte Kreisbewe-gung zu beschreiben. Der Fuß bleibt immer in der gleichen Stellung und übt lediglich in einem Teilbereich des Kurbel-kreises Kraft aufs Pedal aus. Beim richtigen Pedalieren bewegt sich der Fuß im Knö-chelgelenk ständig, um die beiden Totpunkte in der Kur-belumdrehung schneller und flüssiger zu überwinden. Ohne diese aktive Bewegung im Gelenk nützt der Biker höch-stens 40 Prozent des Weges aus, den das Pedal zurück-legt. Im runden Tritt versucht der Radler dagegen, seine Kraft kontinuierlich über die ganze Kreisbewegung der

Kurbelumdrehung wirken zu lassen. Erst durch ein Nach-oben-Ziehen entsteht eine gleichmäßige Bewegung. Dazu ist es notwendig, sich die Bewegung des Fußes im runden Tritt zu vergegenwärti-gen und zu üben. Kurz vor dem oberen Totpunkt muß man die Fußspitze anheben. So kann man das Pedal, schon bevor die Kurbel senk-recht steht, nach vorne drük-ken. Die Kraftentfaltung beginnt also früher als ohne das bewußte Anheben des Vorderfußes. Vor dem unteren Totpunkt erfolgt die entgegen-gesetzte Bewegung des Fußes: Die Ferse wird angeho-ben und der Ballen bewußt nach unten und gleichzeitig hinten gepreßt. Damit wirkt die Kraft auf das Pedal noch über den unteren Totpunkt hin-aus, was natürlich gleichzeitig bewirkt, daß das gegenüber-liegende Pedal leichter über

seinen oberen Ruhe-punkt flutscht. Für die optimale Peda-lier-Technik zieht das hintere Bein die Fußraste noch mit nach oben.

Diese Tritt-Technik soll man ganz bewußt trainieren. Eine ganz einfache Übung dafür ist

In dieser Phase übt der Biker am meisten Kraft aufs Pedal aus, weil durch die waagerechte Kurbelstellung der Hebel zur Kraftübertragung am größten ist. Beim Pedalieren ist darauf zu achten, daß der Fuß mit dem Fußballen genau über der Pedalachse und parallel zur Kurbel steht. Je steifer die Schuhsohle, desto direkter verläuft die Kraftübertragung vom Bein auf das Pedal.

es, immer nur mit einem Bein zu treten. Man nimmt einen Fuß vom Pedal und tritt abwechselnd nur mit dem lin-ken oder dem rechten Bein weiter. So bekommt man ein gutes Gefühl, wie man das Bein und den Fuß beim run-den Tritt bewegen sollte. Und dabei merkt man auch das erste Mal, welche Muskeln plötzlich wehtun. Der trainierte Biker setzt diese Technik eigentlich nur ein, wenn es schwierig wird. Wenn man im Flachen ohne starke Belastung fährt, ist es mehr ein nach Vorne-unten-Treten. Sobald es schwerer wird, sollte man den runden Tritt einsetzen. Gerade bei einer langen Bergaufstrecke bringt diese Pedaliertechnik viel. Denn das Treten ist ja ein Entlastungsspiel zwischen verschiedenen Muskelgruppen, und man ermüdet erst später, wenn man verschiedene Muskelgruppen einsetzt.

Ganz wichtig für diese Pedaliertechnik ist die korrekte Fußstellung auf dem Pedal. Wenn der Fußballen genau auf der Pedalachse steht und der Schuh parallel zur Kurbel ausgerichtet ist, muß das Knie ebenfalls über der Pedalachse liegen. Wenn es das nicht tut, bekommt man Probleme mit den Knien. Und wenn Sie zu weit vorne oder zu weit hinten auf dem Pedal stehen, macht sich das sofort in Ihrer ganzen Muskulatur bemerkbar. Deshalb sind Pedalhaken von Vorteil, weil sie – passend zur Schuhgröße – den Fuß genau in der richtigen Position auf dem Pedal halten.

MIT ACHTZIG UMDRE- HUNGEN DURCHS GELÄNDE

Aber nicht nur die Beine, sondern auch der Oberkörper spielt beim Pedalieren eine wichtige Rolle. Zwar sollte man locker auf dem Bike sitzen, aber beim Treten in der Ebene nicht zu viel mit dem Oberkörper arbeiten. Die ganze Bewegung muß unterhalb der Hüfte ablaufen.

Mit welcher Frequenz kurbelt man nun am effektivsten auf dem Mountain Bike? Das hängt ganz vom Gelände und von den individuellen Eigenheiten und der Kondition ab. Auf der Straße versucht man die gleiche Frequenz wie mit

dem Rennrad zu erreichen – etwa 90 bis 110 Umdrehungen pro Minute. In leichtem Gelände liegt die Frequenz etwa bei 80 Umdrehungen, und am Berg wird der Tritt dann natürlich noch langsamer. An langen Anstiegen ist die Atemfrequenz viel wichtiger als die Trittfrequenz. Man sollte so treten, daß man nicht aus der Puste gerät. Wer an der Steigung volle Kanne kurbelt, dem wird schnell die Luft ausgehen.

Wem ein Zusatzgerät am Fahrradcomputer für die Tretfrequenz zu teuer ist, stellt mit einer ganz einfachen Messung seine Strampeleinheiten fest. Dazu zählt man eine Minute lang jeden Tritt eines Beins mit. Auch zwanzig Sekunden genügen als Zähleinheit, dann multipliziert man die Zahl mit drei. Macht man diese Rechenspiele immer mal wieder auf einem Ausflug, bekommt man schnell ein Gefühl für bestimmte Tretfrequenzen.

Das Biken mit höherer Drehzahl ist ökonomischer, als mit

geringer Frequenz und viel Kraft zu arbeiten. Der Kraftaufwand beim Biken richtet sich zwar ebenfalls nach dem physikalischen Grundsatz „Arbeit ist Kraft mal Weg", allerdings arbeiten die Muskeln lieber mit weniger Belastung und dafür längerem Weg, also mehr Kurbelumdrehungen. Dies hängt mit der Struktur des Muskels zusammen. Mediziner haben festgestellt, daß ab einem Krafteinsatz von etwa 20 Prozent die Durchblutung des Muskels behindert wird.

Braucht man die Hälfte der maximalen Kraftentfaltung, werden einige periphere Blutgefäße des Muskels nahezu verschlossen. Das heißt, in diesen Bereichen wird der Muskel nicht mehr gut mit Sauerstoff versorgt. Also muß man versuchen, den Krafteinsatz der Muskulatur beim Treten so gering wie nötig zu halten, um die Ermüdung möglichst weit hinauszuschieben. Mit steigender Kondition wird auch höhere Trittfrequenzen ohne Probleme fahren können.

So bringt man länger Kraft aufs Pedal: Im unteren Bereich des Kurbelkreises hebt man bewußt die Ferse nach oben und drückt den Fuß nach hinten, um den tiefen Totpunkt des Pedals leichter zu überwinden.

7

8 MÜHELOS
BERGAUF FAHREN

Der Berg ruft nicht — er schreit. Seit die kletterfähigen Mountain Bikes den Fahrrad-markt überrollen, gibt es kaum noch eine befahrbare Steigung, die ein pfiffiger Pedaleur nicht bewältigen könnte. Und dabei kommt es viel weniger auf eine bombige Kondition an, als vielmehr auf eine ausgefeilte Technik.

Warum schaffst Du es – und warum schaffe ich es nicht?" Der leicht deprimierte Bike-Frischling steigt keuchend vom Gaul, während sein Berg-erfahrener Spezi scheinbar mühelos vorbeizieht. Der steile Waldweg hatte ihn geschafft, obwohl die beiden Pedalritter konditionell etwa gleich gut drauf sind. Jetzt schiebt der Tretnovize entmutigt seinen Drahtesel den Berg rauf und fragt sich: „Wie macht der das bloß?" Die einfache Antwort: Grips statt Power, Technik statt Muskelschmalz.

Wer in der Ebene Schalten und Bremsen gelernt hat, sollte nun immer noch nicht gleich ins ruppige Gelände stürzen, sondern sich im Anfang auf Asphalt oder zumindest auf glattem Untergrund an die Technik des Bergfahrens herantasten. Denn beim Überwinden von Steilhängen gibt es zwei Herausforderungen, die der Pedal-Aufsteiger besser getrennt anpackt – nämlich die Steilheit des Terrains und die Tücke des Untergrunds.

BERG RAUF – GEWICHT VOR

Da ist zuerst einmal die Steigung an sich: Bis zu 35 Prozent Gefälle können Profis himmelwärts kurzzeitig bewältigen – an kurzen Geländestufen geht es sogar noch ein bißchen steiler. Bei optimaler Fahrtechnik liegt die äußerste Grenze schließlich in der Steigfähigkeit und in der Traktion des Bikes.

Der Einsteiger, der im kleinsten Gang und im Sitzen seinen ersten Hang raufradelt, wird irgendwann spüren, daß das Vorderrad bei zunehmender Steilheit eine immer größere Tendenz entwickelt, hochzusteigen. Schon beim kleinsten Zug am Lenker kippt das Rad zur einen oder anderen Seite, und es läßt sich kaum auf Kurs

Für gute Traktion im Wiegetritt bleibt die Hüfte über der Sattelspitze.

halten. Ein zusätzlicher kräftiger Tritt in die Pedale, und das Bike bäumt sich vorne auf und läßt den Reiter nach hinten absteigen.

Freilich wird jeder geschickte Mensch sein Gewicht jetzt automatisch nach vorne verlagern, um mehr Druck aufs Vorderrad zu bringen und das Aufbäumen zu verhindern. Doch dann passiert es nur zu oft, daß die Traktion des Hinterrades so abrupt nachläßt, daß auch der gröbste Stollenreifen bei jedem Tritt durchdreht und statt Vortrieb nur noch fliegenden Dreck erzeugt. Das ist dann in den meisten Fällen

der endgültige Abstieg, obwohl die Kondition fürs weitere Treten eigentlich noch vorhanden gewesen wäre.

Der Trick fürs Bergauffahren liegt also in der dosierten Gewichtsverlagerung: Einerseits muß man sich mit dem Oberkörper so weit vorbeugen, daß das Bike nicht aufbäumt wie ein Zirkuspferd. Andererseits muß der Po soviel Gewicht aufs Hinterrad bringen, daß es nicht durchdreht wie bei einem Dragster. Der Oberkörper wird dabei hauptsächlich von den Armen am Lenker nach vorne gezogen. Dabei sollte dieser Zug am Lenker nicht nach oben, sondern nach schräg hinten gerichtet sein, damit die Steigtendenz des Vorderrades nicht noch unterstützt wird. Kopf und Brust sind nach vorn gebeugt, das Gesäß bleibt am Sattel. Ein weiterer Vorteil

Lange Steigungen bewältigt man mit kleinen Gängen im Sitzen.

Stück nach vorne rutschen. Während also die Arme am Lenker immer stärker **8** nach hinten ziehen, schiebt sich der Po auf dem Sattel immer weiter nach vorne. Das geht in der normalen Sitzhaltung dann so weit, bis die Sattelspitze knapp unter dem Steißbein anstößt.

Wer bis hierher eine Steigung technisch beherrscht, wird erst jetzt langsam in den roten Bereich der Ausdauerkondition geraten. Eine Steigung, die auf längere Distanz diese Körperhaltung verlangt, werden auch die trainiertesten Bergfexen nur dann auf zwei Rädern statt auf zwei Füßen bezwingen, wenn sie ihre Körperhaltung variieren, also zeitweise aufstehen und sich dann wieder hinsetzen.

Das stehend Fahren entlastet nämlich die Muskulatur, weil man das Körpergewicht für den Antritt wechselweise voll aufs Pedal legen kann. Der Nachteil dieses Wiegetritts: Das Körpergewicht wandert im Stehen meist so weit nach vorne, daß die Traktion nachläßt und das Hinterrad durchrutscht.

dieser Haltung liegt darin, daß die Kraft für den Zug am Lenker zum großen Teil in mehr Pedalpower, also einen kräftigen Tritt umgesetzt wird.

AUFSTEHEN ODER SITZENBLEIBEN?

Wird der Hang schließlich noch steiler, so kommt jeder Biker unweigerlich ans Limit, wenn er einfach im Sattel sitzenbleibt. Das Vorbeugen des Oberkörpers reicht irgendwann nicht mehr aus – der Schwerpunkt, sprich das Gesäß, muß ebenfalls ein

Die Entscheidung, ob man im Sitzen oder im Stehen fährt, ist also von der Steilheit und vom Untergrund abhängig. Im Gelände wird man auf langen Steigungen eher auf der Sattelspitze hocken und nur in etwas flacheren Stücken zur Entlastung der Muskulatur aufstehen. Auf Asphalt kann man dagegen relativ früh und bedenkenlos in den Wiegetritt übergehen.

DER RICHTIGE GANG BRINGT DEN HALBEN HANG

Neben dem feinfühligen Austarieren des Körpergewichts gehört zum Bergfahren natürlich auch das richtige Einschätzen der Steigung und die Wahl des richtigen Ganges. Viele Offroad-Greenhorns schalten nämlich in ihrer Ehrfurcht vor dem Berg viel zu früh aufs größte Ritzel hinten und auf den kleinsten Zahnkranz vorn. Damit treten sie erst einmal ins Leere, verlieren an Geschwindigkeit und verschenken den wertvollen Schwung, der sie schon ein gutes Stück den Berg hinaufgewuchtet hätte.

Könner schalten im Angesicht der Steigung vorne schon relativ früh aufs kleinste Kränzchen, weil der Umwerfer am Berg unter Belastung die Kette hier nur sehr unwillig shiften würde. Dafür geben sie aber hinten erst noch einmal zwei oder drei Ritzel weiter runter, um noch richtig Druck auf die Pedale bringen zu können. Dann atmen sie tief durch, nehmen nochmal richtig Schwung und gehen mit Volldampf an die Steigung ran. Erst jetzt – wenn die Trittfrequenz langsamer wird –

drückt die rechte Hand den Schalthebel geländeangepaßt und Klick für Klick nach vorne bis zum kleinsten Gang.

BEIM SCHALTEN PEDALE ENTLASTEN

Dieses Schalten unter Last hat freilich auch seine Grenzen: Zwar liftet das neue Hyperglide-System des Komponenten-Multis Shimano die Kette meist klaglos aufs größere Ritzel, aber bei älteren Systemen mit einfachen Zahnrädern knirscht es meist mächtig im Getriebe. Hier hilft nur,

vor dem Schalten nochmal richtig Gas zu geben, dann die Pedale kurz zu entlasten und schließlich bei leichtem Tritt die Kette zu lupfen. Entscheidend für den Erfolg am Berg ist zum Schluß noch das richtige Einschätzen des Untergrundes. Selbst wenn man Technik und Kondition souverän im Griff hat, können Felsbrocken oder Wurzeln den Aufstieg abrupt beenden. Deshalb sollten die Augen das Terrain vor dem Lenker immer nach der optimalen Spur absuchen. Da gilt es zum Beispiel häufig kleine Felsstufen

gen. Enorm wichtig für die Traktion im schwierigen Gelände ist im übrigen der Luftdruck in den Reifen. Je härter Sie den Pneu aufpumpen, desto leichter wird er zwar rollen, aber desto eher wird er auch durchrutschen. Im rauhen Terrain sollten Sie also lieber etwas Luft rauslassen — 2,2 bar haben sich je nach Körpergewicht und je nach Reifen gut bewährt.

Der König der Berge ist nicht der Konditionsbär, sondern ein kraftvoller Fahrer, der sein Wissen und seine Geschicklichkeit einsetzt. Alle Profis sind sich einig: Beim Bergauffahren liegt das richtige Verhältnis von Technik zu Kraft etwa bei 70 zu 30. Deshalb sind auch die meisten Offroad-Einsteiger völlig überrascht, daß sie nach ein wenig Übung plötzlich Steigungen schaffen, die sie sich noch zwei Wochen zuvor niemals zugetraut hätten.

8

Einfachste Fortbewegungsmethode nach dem Abstieg am Steilhang: Schieben mit beiden Händen am Lenker. Zur Muskelentlastung kann auch eine Hand am Sattel greifen.

Wenn nichts mehr rollt, hilft nur noch Tragen: Das Oberrohr liegt auf der rechten Schulter, und die rechte Hand greift an die Gabel.

NEUER START NACH DEM ABSTIEG?

oder dicke Baumwurzeln zu überwinden oder ein Wegstück mit losem Geröll zu überqueren. Solche Hindernisse können Sie nur mit Schwung nehmen — also erstmal tief durchatmen, ein paar Mal kräftig in die Kurbeln treten, dann direkt am Hindernis den Körper kurz nach hinten nehmen und das Vorderrad entlasten. Jetzt geht es weiter wie in Zeitlupe: In dem Moment, wo das Vorderrad auf dem Hindernis anlangt, treten Sie nochmal kräftig an und schieben dann den Körper ruckartig nach vorn, um das Hinterrad zu ent-

lasten. Ist es Ihnen gelungen, auch den Antriebspneu auf die Stufen zu lupfen, so gehen Sie wieder in den Sattel und treten geschmeidig weiter.

RAUHES TERRAIN — SANFTER TRITT

Dieses gefühlvolle Treten ist vor allem auf lockerem oder matschigem Untergrund angesagt. Nasses Laub, feuchtes oder feines Geröll verlangen zusätzlich zur optimalen Gewichtsverteilung einen runden, gleichmäßigen Tritt und keine ruckartigen Bewegun-

Bei aller Euphorie über den schnellen Erfolg — der Weg dorthin wird trotzdem eine Menge Abstiege gefordert haben. Auch Top-Biker kommen immer wieder in Situationen, zum Anstieg Reifen mit Sohlen vertauschen zu müssen, weil ein kleiner Fahrfehler oder ein plötzliches Hindernis den Abstieg erzwingt.

In dem Moment, in dem nichts mehr geht, ziehen Sie am besten blitzartig beide Bremsen, damit Ihnen das Bike nicht rückwärts wegrollt. Steigen Sie dann unbedingt zur Bergseite ab, denn talwärts riskieren Sie einen Salto mortale, bei dem Ihr Tretgefährt noch auf Sie drauffallen kann. Am besten bleiben Sie mit dem talseitigen Fuß auf dem Pedal stehen, strecken das bergseitige Bein und lassen sich in diese Richtung kippen. Die meist willkommene Verschnaufpause wirft allerdings auch die Frage auf, wie es weitergehen soll. Grundsätzlich gibt es nach einem unfreiwilligen Abstieg drei Möglichkeiten:

1. Schieben oder tragen.
2. Umdrehen und die schwierige Passage nochmal probieren.
3. Neu starten am Berg.

Wer den ersten und sicher einfachsten Weg wählt, braucht eindeutig am wenigsten Kraft und lockert beim Laufen die Muskeln für den nächsten Uphill-Trip: Per pedes schieben Sie entweder mit beiden Händen am Lenker oder mit einer Hand am Lenker und mit der anderen Hand am Sattel. Geht es wegen des unwegsamen Terrains schiebenderweise kaum weiter, bleibt eigentlich nur die Möglichkeit, das Bike zu schultern und wie eine Bergziege den Weg hinaufzukraxeln.

Dazu liften Sie Ihr Dirt Bike am besten auf die rechte Schulter, denn auf der anderen Seite würde das Kettenblatt am Körper scheuern und mit Sicherheit unliebsame Spuren auf der Kleidung oder der Haut hinterlassen. Liegt das Oberrohr auf der rechten Schulter, greifen Sie mit dem rechten Arm unter dem Unterrohr hindurch zur Gabel oder zu den Bremskabeln, um den Stollengaul hier mit der Hand zu zügeln.

Der Griff an die Gabel hat den Vorteil, daß das Vorderrad nicht frei herumschlenkern kann. Das Zupacken an den Kabeln oder sogar am Lenker bringt das Vorderteil des Bikes weiter nach unten, so daß man das Unterrohr unterm Arm einklemmen kann und so beim schnelleren Lauf das Bike kontrolliert am Körper hängt.

Geht der Körper nach vorne, um die Aufbäumtendenz zu bändigen, läßt die Traktion nach – das Hinterrad dreht durch.

Damit kämpft jeder Einsteiger bei der Klettertour: Das Vorderrad bäumt auf.

HILLSTART MIT HILFESTELLUNG

Wer den Anstieg per pedes jedoch zu unehrenhaft für einen echten Biker findet, dem bleibt schließlich nur umzudrehen und die schwierige Passage nochmals zu probieren oder an der Abstiegsstelle neu anzufahren. Der Hillstart wird meist dann gelingen, wenn das Gelände nicht zu steil und

technisch nicht zu schwierig ist.

Drehen Sie dazu ein Pedal in die Ein-Uhr-Stellung, also schräg nach oben, setzen Sie sich in den Sattel und stellen Sie das Standbein so, daß dieser Fuß schon beim ersten kräftigen Antritt sofort das Pedal findet. Denn normalerweise sind Sie ja jetzt im kleinsten Gang, so daß die erste Kurbeldrehung sehr schnell am nächsten Totpunkt angelangt und Ihr Bergvelo einen kräftigen Tritt zur Weiterfahrt braucht.

Suchen Sie sich für den Start am besten ein Plätzchen, wo das Hinterrad vor einer kleinen Mulde oder wo das ganze Bike etwas flacher steht. Dann werden Sie nicht gleich beim ersten Antreten schon wieder alle Körner verschießen müssen, sondern können erst mal ein wenig Schwung aufnehmen. Achten Sie auch darauf, daß das Gelände vor Ihnen möglichst glatt ist und daß keine großen Hindernisse den Startvorgang abrupt beenden können.

Sehr hilfreich ist es, wenn Sie sich beim Start an einem Baum oder einem Zaunpfahl festhalten und zum Antritt ein wenig anschubsen. Jetzt können Sie nämlich schon vor dem Anfahren beide Füße auf die Pedale stellen, was die erste und schwierigste Kurbelumdrehung enorm erleichtert. Sollten Sie eine solche Aufstiegshilfe nicht finden und den Berg in der Direttissima

für einen Start zu steil sein, dann probieren Sie es doch einfach mal schräg oder quer zum Hang. Das setzt natürlich genügend Platz zur Seite voraus, aber Sie können so erst einmal Schwung holen und dann mit etwas höherer Geschwindigkeit und Schwung wieder an die Fall-Linie herangehen.

Wer in etwas flacherem Gelände möglichst schnell wieder im Sattel sitzen möchte, kann sich auch eine Technik von den Renn-Profis abschauen: Sie laufen mit dem Bike an und springen

von schräg hinten einfach auf. Der Schwung muß dann allerdings ausreichen, um den kurzen Zeitraum zu überbrücken, den die Füße brauchen, die Pedale zu erreichen.

All diese Übungen verlangen natürlich ein wenig Übung und Routine. Doch Sie werden sehen, wie schnell Sie den Respekt vor der Steigung verlieren und wie locker Sie plötzlich jeden Berg hinaufradeln. Und wenn Sie dann mal ohne Abstieg oben sind, fühlen Sie sich echt auf der Höhe.

8

SCHNELLES AUF- UND ABSTEIGEN

9

Es gibt Hindernisse, die packt man einfach nicht: Drüber-
rollen ist oft zu gefährlich und der Bunny Hop zu schwierig.
Dann geht man per pedes am schnellsten drüber.

In der Vorbereitungsphase zum Absteigen schwingt man das rechte Bein über den Sattel. Danach drückt man die rechte Hüfte gegen das Sitzleder.

Vor dem Absprung muß man sich mit dem rechten Arm am Oberrohr abstützen. Und bevor man aus dem Pedal steigt, das linke Bein strecken.

Springen Sie beherzt vom Rad. Je nach Geschwindigkeit kann man mit dem rechten Bein nach vorne oder hinten wegspringen. Nach zwei Schritten sollte man am Hindernis sein.

Heben Sie das Bike nur so weit nach oben, daß es gerade über die Hürde paßt. Springen Sie dynamisch über das Hindernis und setzen das Rad danach sofort wieder auf den Boden.

Hindernisse überwinden Mountainbiker, indem sie entweder einfach darüberfahren oder mit einem Bunny Hop darüberspringen. Doch in manchen Situationen erscheint der Bunny Hop zu gefährlich, oder das Hindernis ist einfach zu hoch. Dann überwindet man elegant den Stolperstein, indem man aus voller Fahrt aus dem Sattel geht, das Bike schultert und danach elegant und flüssig wieder aufsteigt, ohne Schwung zu verlieren. Diese Technik haben Radcross-Profis erfunden und bis zur Perfektion einstudiert.

VORAUSSCHAUENDES FAHREN

Als erstes müssen Sie lernen, vorausschauend zu fahren. Es ist ganz wichtig, das Gelände vor sich zu beobachten. Die meisten Fehler passieren, weil der Biker auf das Hindernis gar nicht vorbereitet ist. Erkennt man die Gefahrenstelle jedoch frühzeitig, kann man sich genau überlegen, mit welcher Technik die Situation am besten zu meistern ist. Beim Fahren wechselt der Blick dann immer zwischen nah und fern. Nur so hat man die nähere Umgebung fest im Griff und kann sich auch auf die kommenden Hindernisse einstellen. Zum einen kann man niedrige und flache Hindernisse überfahren. Sind die Hürden schon etwas größer, kann man sie per Bunny Hop überspringen, was allerdings oft mit hohem Risiko verbunden ist. Die Sturzgefahr steigt, und Defekte sind keine Seltenheit. Oft erreichen Sie den Absprung nicht optimal, und schon donnern Sie mit dem Hinterrad auf die Hürde und ris-

kieren einen Durchschlag.
Schließlich bleibt noch die Möglichkeit abzusteigen, blitzschnell das Rad zu schultern und über das Hindernis zu laufen, nach dem Hindernis wieder aufs Rad zu springen und weiterzufahren – und das alles möglichst ohne Geschwindigkeitsverlust. Absteigen und über Hindernisse laufen ist sicherlich nicht sehr spektakulär, aber im Rennen und auf einer längeren Tour zählt es, Defekte zu vermeiden und möglichst schnell und schonend ins Ziel zu kommen.

Oberstes Ziel ist es, das Tempo immer voll mitzunehmen, um danach nicht aus dem Stand voll antreten zu müssen. Bei guter Technik verliert man kaum Tempo und nimmt die ganze Energie mit. Gute Techniker sind dabei genauso schnell wie Biker, die mit einem Bunny-Hop über das Hindernis springen. Sogar bei gut 30 Stundenkilometern kann man dann die Hürden ohne Probleme meistern.

ABSTEIGEN: DAS TIMING IST ENTSCHEIDEND

Diese Technik ist nicht nur für Profis gedacht. Auch jeder Tourenbiker kommt oft genug in Situationen, in denen er schnell und sicher vom Rad steigen und ebenso wieder aufspringen muß. Sie brauchen nur eine unbekannte Tour zu fahren: Hinter einer schnellen Kurve liegt plötzlich ein Baumstamm oder ein großer Stein. Die Geschwindigkeit ist so hoch, daß Sie nicht mehr voll abbremsen können. Mit der richtigen Absteige-Technik können Sie dann kurz vor dem Hindernis schnell abspringen, ohne einen Salto zu riskieren.

Müssen Sie das Rad an steilen Stufen schultern, greifen Sie mit der rechten Hand am Unterrohr.

Um keine Geschwindigkeit zu verlieren, müssen Sie sofort nach dem Absprung laufen und das Bike möglichst

schnell anheben. Sie erreichen einen besseren Tragekomfort, wenn Sie den Flaschenhalter am Sitzrohr montieren.

Beim Tragen versuchen Sie nun, mit den Schultern so weit wie möglich nach vorne zu rutschen. Der Kopf kann somit nicht an den Sattel stoßen, und mit dem rechten Arm greifen Sie nach vorne, um den Lenker festzuhalten.

Dazu ist es wichtig, sich den genauen Bewegungsablauf zu verinnerlichen. Darum empfiehlt es sich, die Technik immer als Ganzes zu üben und auch immer im chronologischen Ablauf. Das heißt, zuerst absteigen, dann das Hindernis bewältigen und wieder aufspringen. Zunächst sollte jeder Biker feststellen, auf welcher Seite er besser absteigen kann. Fast alle Biker verlassen ihr Bike auf der linken, also auf der dem Kettenblatt abgewandten Seite. Dies hat auch mehrere Vorteile: Unangenehme Abschürfungen vom Kettenblatt kann man schon im Vorfeld vermeiden. Das Tragen wird leichter, weil sich die Zahnräder nicht in die Rippen bohren können und die Kette das Trikot nicht verschmiert.

Je nach Geschwindigkeit beginnt kurz vor dem Hindernis die Vorbereitungsphase zum Absteigen: Rechtes Bein über den Sattel schwingen, mit der linken Hand leicht bremsen und dann die rechte Hüfte gegen den Sattel stemmen. Dies ist sehr wichtig, denn um die Hürde erfolgreich zu meistern, muß man die rechte Hand vom Lenker neh-

men. Die rechte Hand greift dann entweder am Oberrohr oder am Unterrohr zu. Es hängt ganz davon ab, ob man später das Bike nur anheben oder ganz schultern will. Doch mit dieser Dreipunkt-Verbindung: linke Hand am Lenker, linker Fuß im Pedal und rechte Hüfte am Sattel kann man ohne Probleme das Bike steuern und die rechte Hand vom Lenker nehmen.

Das Absteigen vor dem Hindernis ist eigentlich das Wichtigste. Funktioniert es nicht optimal, kann man alles andere schon vergessen. Sie kommen meist zu schnell an die Hürde heran und werden hektisch. Der Bewegungsablauf stimmt dann einfach nicht mehr. Darum empfiehlt sich anfangs, die Vorbereitungsphase sehr gewissenhaft einzustudieren. Dazu eignen sich flache, verkehrsfreie Straßen und Wege. Haben Sie schließlich diese Phase automatisiert, können Sie sich an die Hindernisse heranwagen.

HINDERNISSE: IMMER MIT VOLLEM TEMPO

Es ist sehr wichtig, daß man erst kurz vor dem Hindernis

vom Rad springt. Verläßt man das Bike zu früh, muß man zu lange laufen und verliert kostbare Energie. Steigt man zu nahe vor der Hürde vom Rad, bleibt viel zu wenig Zeit, den Baumstamm korrekt zu nehmen. Optimal ist, den Absprung so abzustimmen, daß man in zwei Schritten das Hindernis erreicht. Ihnen bleibt es dabei selbst überlassen, ob Sie mit dem rechten Bein nach vorne oder nach hinten abspringen. Springen Sie nach vorne ab, müssen Sie nur das rechte Bein zwischen dem noch im Pedal stehenden linken Fuß und dem Rahmen nach vorne strecken. Danach können Sie dann in Laufrichtung abspringen. Bei hohem Tempo ist diese Variante auch sinnvoller: Der Bewegungsfluß ist harmonischer, und man kann ohne Geschwindigkeitsverlust weiterlaufen. Bei niedrigerem Tempo kann man auch mit dem rechten Bein nach hinten abspringen. Dies kommt oft im Rennen vor, wenn beispielsweise ein großer Pulk auf ein Hindernis zufährt oder sehr wenig Platz zum Abspringen vorhanden ist.

Kurz vor dem Absprung stützen

Versuchen Sie, aus vollem Lauf aufs Bike zu springen. Doch Vorsicht: Bei hohen Sprüngen können die Weichteile leiden.

Versuchen Sie, das Schwungbein so knapp wie möglich an der Oberschenkel-Innenseite über den Sattel zu schwingen.

Sie sich mit der rechten Hand auf dem Oberrohr ab. Dadurch können Sie leichter mit dem Standbein aus dem Pedal steigen. Darum sollten Sie auch Click-Pedale und -Schuhe fahren. Denn bei normalen Hakenpedalen muß man nach hinten aus den Schlaufen schlüpfen und kann dabei an den Riemen hängen bleiben. Dabei ist es wichtig, das Standbein zu strecken und mit dem ganzen Bein den Schuh aus dem Pedal zu drehen. Mit dem Fuß alleine hat man meist zu wenig Kraft, und in einigen Situationen kann es vorkommen, daß sich der Schuh im Pedal verhakt. Danach kommt man viel zu spät aus dem Pedal, und ein Sturz ist oft schon vorprogrammiert. Wie man nun das Hindernis bewältigt, hängt ganz von der Geländesituation ab: Liegt ein Baumstamm quer über dem Weg, oder ein kleiner Graben kreuzt die Fahrspur, dann greift man mit der rechten Hand beim Handwechsel ans Oberrohr. Kurz vor dem Hindernis hebt man das Bike nur soviel nach oben, bis es gerade über die Hürde paßt. Nach dem Baumstamm braucht man das Bike

nur fallen zu lassen und wieder aufzuspringen.
Versperren Stufen, Treppen oder unfahrbare Steilhänge den Weg, müssen Sie das Bike schultern. Hierbei greifen Sie während der Vorbereitungsphase mit der rechten Hand nicht ans Oberrohr, sondern ans Unterrohr. Dadurch kann man das Bike leichter und schneller über die Schulter heben und über das Hindernis laufen. Auch bei Cross-Country-Rennen muß man das Bike schultern. Meist geht es anfangs sehr eng her, und die Fahrer verkeilen sich an engen Passagen. Erkennt man dies im Rennen schon frühzeitig, kann man gleich sein Rad schultern, an mehreren Rennfahrern vorbeilaufen und wichtige Sekunden gutmachen. Um das Tragen zu erleichtern, montiert man den Flaschenhalter am besten gleich am Sitzrohr. Der Bügel kann so nicht an den Rippen drücken, und man hat das Bike besser und sicherer im Griff.

SEKUNDENVORTEILE BEI RICHTIGEM AUFSTIEG

Beim Aufsteigen verläßt viele

Biker der Mut. Meist springen sie viel zu hoch und donnern auf den Sattel. So mancher Biker hat sich da schon die Weichteile gequetscht oder unangenehme Prellungen zugezogen. Das Aufsteigen ist eigentlich das Leichteste. Nach kurzer Übungszeit weiß man genau, wo der Sattel sitzt, und das Aufspringen schmerzt auch nicht mehr. Der Trick: anfangs langsam, also im Schrittempo, auf den Sattel steigen und anschließend das Tempo erhöhen. Dabei versuchen Sie, das Schwungbein so knapp wie nur möglich an der Oberschenkel-Innenseite über den Sattel zu schwingen. Gleichzeitig müssen Sie vom anderen Bein abspringen und gleiten dann von hinten auf den Sattel. Dabei zieht man kurz die Beine an. Anschließend setzt man die Beine schnell auf die Pedale, um sofort wieder Tempo zu machen. Anfangs kann man sich das Aufsteigen auch erleichtern, indem man, kurz vor dem Absprung, einen kleinen Hopser macht. Später sollten Sie aber aus vollem Lauf in den Sattel springen.

Gleichzeitig springen Sie mit dem linken Bein vom Boden ab, gleiten von hinten auf den Sattel und ziehen die Beine kurz an.

Danach versuchen Sie, möglichst schnell in die Pedale einzuklicken, um sofort wieder Tempo zu machen.

10 MEHR SICHERHEIT DURCH GEWICHTSVERLAGERUNG

Erst voller Körpereinsatz bringt bei der Offroad-Tour den ganzen Spaß: Wer aus dem Sattel geht und das Bike mit dem ganzen Body steuert, meistert alle Fahrsituationen ganz sicher. Lesen Sie, wie und warum Sie Ihren Stollenflitzer am besten aus dem Stand dirigieren — damit Sie in der Offroad-Schule garantiert nicht sitzenbleiben.

Ein Mountain Bike erfordert ganzen Körpereinsatz: In rauhem Gelände, bei der Abfahrt, in holprigen Offroad-Passagen — immer wird der Body voll gefordert. Anstatt faul im Sattel sitzenzubleiben, probt nämlich der versierte Biker den Aufstand auf den Pedalen und steuert mit seinem Geländegaul geschickt um alle Hindernisse, weil er in diesem Zu-Stand blitzschnell auf neue Fahrsituationen reagiert und mit Armen und Beinen Geländeunebenheiten ausgleicht — er dirigiert sein Bike wie ein Pferd am langen Zügel, ohne es aus der Hand zu geben. Das sind die ersten Schritte der Hohen Schule für die Bike-Dressur. Diese Technik der Gewichtsverlagerung braucht man im Offroad-Alltag immer wieder. Wie in jeder anderen Sportart gibt es beim Biken eigene Gesetze der Fahrtechnik. Ein Surfbrett steuert man über Druckveränderung und Rigg-Bewegung. Der Schwung beim Skifahren oder Snowboarden wird durch Be- und Entlastung und die Kantenstellung ausgelöst und gelenkt. Und auch das Mountain Bike kontrolliert man am besten und sichersten über die Lenkerbewegung und den Körpereinsatz.

KIPPEN STATT FALLEN

Manche Freaks würden zwar ihr Bike am liebsten mit ins Bett nehmen, aber trotzdem sind Mensch und Maschine nicht unzertrennlich. Fahrer und Bike stellen eigentlich zwei eigene Systeme dar, die über flexible Verbindungen — Hände und Füße — aneinan-

dergekoppelt sind. Man kann beide Körper, das Bike und den Body, in verschiedene Richtungen bewegen, und doch bleibt der gemeinsame Schwerpunkt immer in der Mitte, und man kippt nicht um. Ein einfaches Beispiel, das jeder Hobby-Gärtner schon ausprobiert hat, verdeutlicht dies: Wenn man einen Spaten in die Erde sticht, sich am Griff festhält und auf das Blatt steigt, kippt man den Stiel einfach von sich weg — der Körper wird sich automatisch nach hinten bewegen, um dies auszugleichen.
Diesen Effekt probiert man mit dem Bike auf einem ruhigen Wald- oder Feldweg oder auf Asphalt aus. Der Übungsparcours sollte natürlich so ruhig und ungestört wie möglich liegen, damit Sie sich ganz auf sich und Ihr Spielzeug konzentrieren können. Treten Sie kurz an und lassen Sie das Bike dann mit waagerecht gestellten Pedalen rollen und stehen auf. Jetzt kippen Sie das Bike unter sich einfach zur Seite — Sie werden ganz von selbst mit dem Körper auf die Gegenseite ausweichen. Diese Ausgleichsbewegung funktioniert ohne Nachdenken, jeder Mensch mit einem intakten Gleichgewichtssinn reagiert sicher richtig — wie bei einer Wippe, deren eine Seite nach oben schwebt, wenn man die Gegenseite belastet. Steht das rechte Pedal unten, läßt sich das Ritzelmuli am stärksten nach links kippen und umgekehrt — dieses Wechselspiel kennt man schon vom Wiegetritt. Um jedoch im Gelände nicht mit den Pedalen an hervorstehenden Baumstümpfen, Wurzeln

oder hohen Steinen hängenzubleiben, stellt man sicherheitshalber die Kurbeln waagerecht. In langsamer Fahrt können Sie sich nun an die Grenzen dieser Kippelei herantasten. Versuchen Sie einfach, den Stollenflitzer so weit wie möglich von sich weg zu lehnen. Sie werden erstaunt sein, in welcher Schräglage die

So übersteht man Stufen: Der Körper wandert zurück, gleicht die Bewegung des Bikes aus.

Stollenreifen noch sicher auf dem Untergrund haften, ohne wegzurutschen. Um das Bike noch tiefer zu drücken, beugen Sie die Beine, bis das Oberrohr an der Innenseite der Oberschenkel anschlägt.

DER BIKE-LIMBO BRINGT GESCHICKLICHKEIT

Um noch mehr Feeling für diese Schräglagen zu entwickeln, fährt man bei diesen Übungen immer langsamer, bis man fast steht, und drückt das Bike im Stand von einer Seite zur anderen. Im Rollen probieren Sie noch, den Oberkörper bis auf Sattelhöhe auf die Seite abzubeugen, als wollten Sie unter einer Stange oder einem umgestürzten Baumstamm abtauchen. So bekommt man einen Eindruck, wo der gemeinsame Schwerpunkt von Roß und Reiter liegt. Diese Übungen machen noch mehr Spaß — und bringen

mehr Geschick —, wenn beispielsweise zwei Freunde ein Sprungseil halten und der dritte darunter durchfahren muß. Man beginnt als einfache Anforderung in Brusthöhe und senkt den Schlagbaum immer tiefer. Könner unterfahren bei diesem Bike-Limbo sogar Absperrungen in Lenkerhöhe, ohne abzusteigen.

Eine lustige Übung: Gegenstände während des Fahrens vom Boden aufheben, wie ein Westernreiter oder ein Kosake. Stellen Sie eine leere Blechdose hin, fahren Sie langsam daran vorbei und beugen Sie sich mit einer Hand so weit herab, bis Sie das Teil grabschen können. Üben Sie das Spielchen auf beiden Seiten — so trainieren Sie spielerisch Ihren Gleichgewichtssinn und Ihre Geschicklichkeit auf dem Bike, was Ihnen später im Gelände viele Vorteile bringt.

Diese neue Vertrautheit mit dem Stollen-Gaul nützt man nun dazu, das Bike nicht mehr nur über den Lenker, sondern durch Gewichtsverlagerung zu steuern. Daß man ganz ohne Bewegung am Lenker auskommt, beweist schon das Freihändigfahren. Ohne eine Hand am Zügel dirigiert man den Stollengaul in Kurven, indem man zur Seite abkippt — gute Bikes mit langem Radstand lassen sich mit etwas Übung hervorragend freihändig kontrollieren.

Einen Nachteil hat diese Ganzkörpersteuerung ohne Hände: Man benötigt Einfühlungsvermögen und legt den gesamten Körper in die Kurve. Im freien Stand dagegen genügt es, das Bike anstatt sich selbst in die Kurve zu legen. Wie flott und direkt der Ritzelrenner mit diesen Kipp-Impulsen von oben zu steuern ist, merkt man während eines kleinen Slaloms am besten.

IM STAND KLAPPT DER SLALOM SCHNELLER

Bauen Sie sich einen kleinen Übungsparcours mit Steinen oder Dosen auf einem leeren Parkplatz auf. Die Abstände der Slalomstangen können zum Ziel hin immer kürzer werden. Nun fahren Sie an, stehen in den waagerechten Pedalen auf und umkurven die Hindernisse, indem Sie das Bike vor jeder Markierung abkippen. Wie beim echten Slalom sparen Sie Kraft und Zeit, wenn Sie die Hindernisse mit dem Vorderreifen möglichst knapp umfahren. Zu Beginn des Kurven-Trainings sollte man aber ganz auf Sicherheit gehen und

Auf lockerem Boden drückt man das Bike unter sich in die Kurve — das bringt Sicherheit.

genügend Abstand zwischen Stollen und Steinen lassen. Zum Vergleich durchrollt man einmal die Slalomstrecke im Sitzen: Für jede Kurskorrektur müssen Sie Ihr ganzes Körpergewicht nun mit um die Pylonen wuchten. Das erfordert mehr Kraft und Zeit. Viel unmittelbarer und flotter reagiert Ihr Gefährt auf die Steuerimpulse von oben — wenn Sie über den Dingen stehen. Vor allem auf Single-Trails, lenkerbreiten Pfaden, die mit glitschigen

An Stolperstellen aufstehen: So kann man das Bike locker daran vorbeidirigieren.

Wurzeln oder bissigen Steinen gespickt sind, verringert man mit dem steigenden Schwerpunkt das Problem von drohenden Stürzen oder Pannen, weil man mit dem Vorder-

reifen Stolpersteine geschickt umgeht.

VORAUSSCHAUEN UND VORAUSDENKEN

Die Skischule hat den Begriff der Antizipation geprägt: die Vorwegnahme einer Bewegung. Eine Rotation der Hüfte und der Knie nimmt den Schwung der Skier vorweg. Genauso vorausdenkend und -fühlend bewegt man sein Bike am sichersten über tückisches Gelände. Mit dem Blick immer fünf bis zehn Meter vor dem eigenen Vorderrad sucht man die beste Fahrrinne, die am wenigsten Strudel und Untiefen aufweist, und drückt, hebt und zieht den Stollenflitzer unter einem weich und gewandt von einer Seite zur anderen, um nicht aus dem ruhigen Fahrwasser zu geraten.

Zu dieser Gewichtsverlagerung zur Seite kommt im kupierten, abwechslungsreichen Gelände noch eine Vor- und Zurückbewegung: Der Biker gleicht Kuppen oder Bodenwellen durch die Anti-Bewegung des ganzen Körpers aus. Nur im Stehen, den Bürzel über den Sattel gelüpft, schiebt sich der Pilot nach hinten, wenn das Bike in die Rinne rollt, oder nach vorne, wenn der Stollengaul die Vorderhand hebt.

Denken Sie immer daran: Die Fixpunkte sind die Hände am Lenker und die beiden Füße auf den Pedalen — Ihr ganzer Körper kann sich ansonsten frei und ungebunden über dem Rahmen bewegen, um die Fahrt des Bikes zu beruhigen. Dieses Prinzip ist mit einem kardanisch aufgehäng-

ten Kompaß zu vergleichen: Egal, nach welcher Seite der Dampfer schwankt und rollt, das Kompaßgebäude bleibt immer in derselben ausgeglichenen Lage, weil es alle Dreh- und Kipprichtungen im selben Maße kompensiert. Diese Be- und Entlastungsphasen sollten weich und fließend ineinander übergehen. Je weniger man am Lenker zieht oder hektisch arbeitet, desto besser behält das Vorderrad den wichtigen Bodenkontakt. Kippt man den Lenker ruckartig von einer Seite zur anderen, verlieren die Profilzähne, gerade auf rutschigem Terrain, schon mal den Biß im Boden und der vordere Pneu abrupt seine Führungskraft. Dies passiert vor allem dann, wenn man in der Eile auch noch den Lenker einschlägt, um das Vorderrad am Hindernis vorbeizulotsen.

Hier liegt der Vorteil der Drück-Technik: Man benötigt einen viel geringeren Lenkeinschlag, um Hindernisse rechts oder links liegen zu lassen. Dadurch verringert sich das Risiko, daß einem der Vorderreifen wegschmiert — man übersteht so manch knifflige Situation, in der man sich früher noch Ausrutscher leistete. Auch das Hinterrad sollte den Boden der Tatsachen nicht verlassen, außer das Heck muß harte Schicksalsschläge einstecken. Hier hilft ebenfalls der freie Stand: Man schiebt den Körper ein wenig Richtung Lenker, kurz nachdem das Vorderrad den Stein des Anstoßes passiert hat — so hoppelt der Hinterreifen unbeschwert und folgenfrei über alle Hemmschwellen auf dem Offroad-Pfad.

STEUERUNG DURCH SCHENKELDRUCK

Um bei flotteren Downhills engen Kontakt zum Bike zu pflegen, klemmt man den Sattel zwischen den Oberschenkeln ein. So übermittelt man dem Geländegaul mit Schenkeldruck wie bei der Dressur die nötigen Steuerimpulse. Um das Vorderrad möglichst locker und drucklos zu führen, verlagert man das Körpergewicht leicht nach hinten – die Hüfte schwebt etwa über dem hinteren Sattelrand.

Durch den ständigen Aufstand demonstriert zudem jeder Biker für das beste und billigste Stoßdämpfungssystem, das es für alle Bike-Modelle gibt: den eigenen Körper. Sämtliche Gelenke, von den Beinen über die Arme bis zur Wirbelsäule, bilden ein äußerst flexibles System, in dem die angespannten Muskeln die Dämpfungsarbeit übernehmen.

Am besten schlucken natürlich die Beine die Bodenunebenheiten. In den Oberschenkeln spannen sich die kräftigsten Muskeln des Körpers überhaupt. Durch den großen Federweg der Knie- und Hüftgelenke puffern die Beine die größten Hämmer ab, wenn man sie entsprechend einsetzt: Man beugt die Kniegelenke leicht ab. Durch diese Hocke spannt man die Waden und Oberschenkel automatisch an. Die leicht gebeugten Arme dämpfen über die Handgelenke, Ellenbogen und Schultern nur einen kleineren Teil der Schläge und Stöße ab und halten so das Vorderrad am Boden. Dirigieren Sie Ihr Körpergewicht beim Stand

Die Abfahrt fordert Körpereinsatz: Der Body muß alle Unebenheiten ausgleichen.

auf den Pedalen immer so, daß die Hauptlast auf den Füßen liegt. Die Hände halten den Lenker nur zum Dirigieren und nicht zum Abstützen des Oberkörpers. Weil natürlich trotz dieser Vor-Dämpfung immer noch Schocks in den Körper durchdringen, darf auch der Rücken nicht stocksteif sein, sonst klopft jede Welle direkt auf die Bandscheiben durch.

Ganz klar, daß diese schnelle und gleichzeitig schonende Steher-Technik im harten Offroad-Alltag ihre Vorteile hat. Auch bei nur leicht geneigten Abfahrten, sehr abwechslungsreichen Pfaden oder echten Schotter-Schüttelpisten markiert man am besten dieses Stehauf-Männchen. So kann man sekundenschnell

reagieren und dicken Brokken, gefährlichen Ästen oder tückischen Wurzeln mit einem Kipp ausweichen. Wenn man dagegen träge im Sattel thront, holpert der Stollenflitzer über jeden Stolperstein – das Sturz- und Pannenrisiko steigt. Je öfter und schneller Sie sich also von Ihrem eingesessenen Stammplatz im Sattel trennen, desto länger bleiben Sie mit Ihrem Bike zusammen.

11

DOWNHILL OHNE GEFAHR

Da kommt das irre Gefühl: Schnelle Abfahrten auf einsamen Forststraßen sind der Traum jedes Bikers, der pure Spaß an Speed und Körperbeherrschung, der gerechte Lohn fürs kräftezehrende Raufstrampeln. Doch so sehr der Rausch der Geschwindigkeit den Offroad-Fan fasziniert, so wichtig sind auch die richtige Fahrtechnik und die Kontrolle, um die Lust ohne Gefahr zu erleben.

Noch 100 Höhenmeter – dann ist er bezwungen, der Gipfel. Dann geht's runter. Dann endlich bringt der Fahrtwind Kühlung für den kochenden Körper. Noch 100 Meter Überwindung – nur der Gedanke an die lockende Abfahrt treibt den Körper noch an. Dann ist er da, der Höhepunkt, dieses unbeschreibliche Gefühl der Größe, der Moment, in dem man 2000 Meter tief einatmen möchte. Von nun an nur noch Spaß. Schwerelos bergabgleiten, den Fahrtwind im Gesicht spüren und mit atemberaubender Geschwindigkeit dem Tal entgegenfliegen – das ist das Glück, für das man sich abgestrampelt hat. Ein Freudenschrei begleitet den Antritt in die Tiefe: Feel the need for speed.

Wer würde schon stundenlang mühsam den Berg hinaufgondeln, um dann vielleicht auf die Abfahrt zu verzichten? Ohne das berauschende Gefühl der Geschwindigkeit wäre das Bike nie zum Marktrenner geworden. Der Reiz liegt im Downhill, im Speed. Dieser Thrill setzt dem ohnehin schon abwechslungsreichen Mountain-Bike-Menü das Sahnehäubchen auf.

Runter kommen sie alle – bloß wie? Die Zitterpartie mit verkrampften Fingern an den Bremshebeln hat jeder Bike-Einsteiger durchgemacht, bevor er mit wachsender Routine lockerer wurde und immer mehr Vertrauen zu der Fahrsicherheit seines Bikes gewann. Denn Mountain Bikes mit ihrer sportlichen Geometrie, den dämpfenden Reifen und den hervorragenden Bremsen bieten ein deutlich höheres Maß

an Kontrolle als jede andere Konstruktion in der Geschichte des Fahrrades.

Um diese enorme Fahrsicherheit auszuschöpfen, braucht man allerdings eine gehörige Portion an Fahrtechnik und Selbstvertrauen. Kommt es beim Bergauffahren auf Kondition und Fahrkönnen gleichermaßen an, so spielt beim Downhill die Technik eine deutlich größere Rolle, ganz egal, ob man in langsamstem Tempo einen schmalen Saumpfad mit Hindernissen überwinden muß oder ob man auf einem breiten Schotterweg beinahe im Sturzflug runterrasen kann. Beide Arten der Abfahrt erfordern eine unterschiedliche Fahrtechnik. Die trialmäßigen Geschicklichkeitskurse wollen wir ab Seite 76 beschreiben, hier steht zunächst einmal alles über die faszinierenden Speedabfahrten.

BERGAB – PO NACH HINTEN

Für die Körperhaltung gilt beim Downhill grundsätzlich das Gegenteil von der Bergfahrt. Mußte sich beim Klettern der Schwerpunkt des Körpers nach vorne verlagern, damit das Vorderrad nicht steigt, so soll beim Abfahren und Bremsen der Body nach hinten wandern, damit man nie in die Gefahr kommt, per Salto mortale über den Lenker zu gehen. Bloß, wie bringt man den Schwerpunkt nach hinten? Einzige Möglichkeit: aufstehen und den Po hinter den Sattel schieben. Nur dadurch kann man den Druck aufs Vorderrad wirksam verringern und damit das Bike mühelos

über alle Hindernisse donnern lassen, ohne Schäden zu riskieren.

GEWICHT AUF DIE PEDALE

An sich ist dieses Aufstehen auf den Pedalen ganz einfach, und man kann es schon bei langsamer Fahrt in der Ebene sehr gut üben. Wichtig dabei ist jedoch, daß die Pedale dabei immer waagerecht stehen. Denn ein runterhängender Fuß kann sehr leicht ein Hindernis am Boden touchieren und dadurch zu einem unangenehmen Abgang führen. Außerdem: Bei waagerechten Pedalen und ge-

Optimale Kontrolle: auf den Pedalen stehend, Körper über dem Sattel.

streckten Beinen kommt der Allerwerteste deutlich weiter vom Sattel weg, wodurch man ihn viel einfacher nach hinten plazieren kann.

Weiterer Vorteil dieser Position ist der Stoßdämpfereffekt der leicht gebeugten Beine. Jetzt dringen die Fahrbahnschläge nicht mehr über den Sattel zur Wirbelsäule, sondern sie werden schon in den Knien abgefedert. Und schließlich können Sie in den Pedalen stehend mit hinten liegendem Gesäß den Körper in der Hüfte nach vorne beugen, um so die Aerodynamik Ihrer Karosse zu verbessern.

In schnellen Kurven bleibt die Kurbelstellung waagerecht, in...

...engen Kurven steht das innere Pedal oben, damit man nicht hängenbleibt.

Der einzige Grund, warum Sie diese Speedhaltung bei schnellen Abfahrten verlassen können, sind langgezogene Kurven auf glatten Strecken, bei denen Sie das jeweils kurvenäußere Pedal nach unten hängen lassen, um sich dort abzustützen und Ihr Körpergewicht besser in die Kurve legen zu können. Stellt sich schließlich noch die Frage, welcher Fuß bei waa-

gerecht gehaltenen Kurbeln denn nun vorne stehen soll. Das hängt hauptsächlich davon ab, ob Sie Rechts- oder Linkshänder sind. Ein Rechtshänder wird meist den linken Fuß vorne halten wollen. Dennoch sollten Sie diese Fußposition ganz bewußt öfter wechseln, denn wenn man nach schnellem Treten an einem Hindernis plötzlich aufstehen muß, darf man nicht in eine Unsicherheit geraten, weil vielleicht gerade der falsche Fuß vorne steht.
Ein weiterer Grund für den Vorteil einer abwechselnden Fußposition liegt in der Belastung, die bei schnellen Downhills generell auf dem hinten stehenden Bein größer ist. Das kann zu recht schmerzhaften Verkrampfungen füh-

ren, die gar nicht erst auftreten, wenn man seine Fußposition häufiger wechselt.
In dieser typischen Abfahrtshocke ruht das Körpergewicht zu einem überwiegenden Teil auf den Beinen. Die Hände stützen sich nur ganz sanft am Lenker ab und führen ihn so locker es nur irgend geht. Denn bei mehr Gewicht auf den Lenkergriffen kriegt man die Stöße vom Vorderrad

ziemlich brutal auf Handballen, Daumenwurzel und Handgelenke. Die Entlastung des Vorderrades bringt insgesamt auch mehr Sicherheit, weil es dann leichter über Hindernisse rollt und man dadurch nicht nur schneller, sondern auch sicherer unterwegs ist. Außerdem bringt das geringe Gewicht auf den Händen weniger Müdigkeit in den Unterarmen, wodurch man wiederum die Bremshebel müheloser und effektiver bedienen kann. Das leichte Führen des Lenkers braucht vor allem bei hohem Tempo kein Grund zu der Sorge zu sein, daß das Vorderrad eventuell querschlagen könnte. Denn die Kreiselkräfte von Felge und Pneu halten es um so sicherer in seiner Spur, je schneller es dreht.

KURVENFAHRT MIT SCHENKELDRUCK

Die Grundhaltung für die Schußfahrt ist also klar: Die Beine stehen leicht gebeugt auf den waagerecht gehaltenen Pedalen, der Po befindet sich oberhalb und schräg hinter dem Sattel, der Oberkörper ist nach vorne gebeugt, die Arme sind fast gestreckt. So weit, so gut für die Geradeausfahrt. Geht es nun darum, die ersten Kurven einzulenken, so tun Sie das jetzt nicht mehr über Lenkbewegungen der Hände, sondern über Schenkeldruck am Sattel. Das Bike-Gestühl befindet sich in der Abfahrtsposition nämlich genau zwischen Ihren Oberschenkeln, so daß Sie es mit leichtem Druck zentimetergenau seitwärts dirigieren können. Jeder kleine Schenkel-

druck bringt das Bike zum seitlichen Abkippen, wodurch das Vorderrad automatisch in die entsprechende Richtung lenkt. Gleichzeitig legt sich Ihr

besser mit oder ohne Pedalhaken meistert. Alle versierten Biker sind sich einig, daß die Fußclips letztlich mehr Sicherheit bringen, auch wenn sie

Je steiler die Abfahrt, desto weiter wandert das Gewicht nach hinten.

Körper leicht in die Kurve, um den Schwerpunkt genau mittig über die Kurvenlinie zu bringen. Nur bei relativ engen und schnell gefahrenen Kurven muß der Oberkörper wieder etwas nach außen gehen, um das Zusammenspiel von Gewichtskraft und Zentrifugalkraft genau auszutarieren.

PEDALCLIPS FÜR MEHR SICHERHEIT

Beim Stehen auf den Pedalen bleibt schließlich noch die Frage, ob man die Abfahrt

im Anfang noch sehr ungewohnt sind und die Zehen zu fesseln scheinen. Aber gerade auf sehr holprigem Untergrund passiert es nur allzu oft, daß der Fuß ohne Haken nach vorne abrutscht und daß sich die scharfkantige Bärentatze des Pedals dann in der Wade statt an der Schuhsohle festkrallt. Allerdings sollten Sie sich an die Schlaufen erst einmal einige Zeit im leichten Gelände gewöhnen, bevor Sie sich auf eine Abfahrt wagen, damit Sie jederzeit einen Fuß auf den Boden bringen.

BREMSTECHNIK: HINTER-RAD FÜR KURVENFAHRT

Abfahrtstechnik heißt immer auch Bremstechnik. Denn kein Mensch kann in eine Kurve ganz ohne Verzögerung hineinrasen, ohne Gefahr zu laufen, nach außen katapultiert zu werden. Und außerdem möchte man seine Geschwindigkeit in der Geraden jederzeit so präzise drosseln können, daß man die volle Kontrolle über sein Fahrzeug behält. Nur Wahnsinnige lassen es bedenkenlos laufen, aber glücklicherweise hat die Natur mit der Angst um die eigene Gesundheit eine Automatik in die Bedienung der Bremshebel eingebaut.
Um Unfälle nun völlig zu vermeiden, muß man jedoch den richtigen Bremshebel in der richtigen Situation ziehen. Generell gilt, daß man bei Geradeausfahrt nur etwa 20 Prozent der Verzögerungskraft übers Hinterrad auf den Schotter bringt und daß das Vorderrad zirka 80 Prozent der Bremswirkung übernehmen muß. Allerdings darf das auf keinen Fall heißen, daß man nun ausschließlich übers Vorderrad bremst. Denn ein angebremstes Rad lenkt nicht mehr exakt, und das ist der Grund, warum erfahrene Biker immer erst mit dem Hinterrad optimal verzögern, um dann je nach Bedarf die Bremswirkung mit dem Vorderrad zu erhöhen. In der Praxis heißt das, daß man grundsätzlich immer beide Bremshebel in den Händen hält und dabei je nach Fahrsituation und Geschwindigkeit Hinter- und Vorderradbremse für die optimale Verzögerung miteinander kombiniert.

Am besten erfühlen Sie die Wirkung Ihrer Bremsen erst einmal auf einem unbefahrenen Feldweg. Tasten Sie sich an den Druckpunkt heran, um zuerst das Hinterrad und dann auch das Vorderrad kurzzeitig zu blockieren. Aber Vorsicht, daß Sie dabei nicht über den Lenker gehen. Bei diesen Übungen werden Sie merken, daß man mit einem blockierten Hinterrad schon sehr ordentlich verzögert, und daß man sogar in eine Kurve hineindriften kann, wenn man sich beim scharfen Bremsen in die Kurve legt. Doch diese Technik verwenden Könner nur, wenn sie relativ enge Kurven oder Serpentinen in möglichst hoher Geschwindigkeit fahren wollen. Dabei bremsen sie relativ knapp vor der Kurve mit blockiertem Hinterrad an und legen sich dabei zuerst in die Gegenrichtung, um dadurch den nötigen Schwung für die Kurve zu bekommen. Dann – bei angepaßter Geschwindigkeit – lösen sie die Bremse, drücken sich mit dem Körper ab und legen sich noch energischer in die Kurve. Diese Technik gilt jedoch nur für enge Biegungen, in langgestreckten Kurven wird das Hinterrad auf keinen Fall blockiert, um möglichst wenig Speed zu verlieren.

VORDERRADBREMSE VERZÖGERT BESSER

Wesentlich mehr Feingefühl braucht die Bedienung der Vorderradbremse. Denn ein blockiertes oder auch nur stark verzögertes Vorderrad läßt sich nicht mehr lenken, und man fliegt unweigerlich

Im Rennen bremsen die Profis mit blockiertem Hinterrad.

Auch in schnell gefahrenen, langgestreckten Kurven sollten Sie das Vorderrad nur sehr dosiert anbremsen, denn je mehr Schräglage Ihr Bike hat, desto mehr bekommt es die Tendenz, übers verzögerte Vorderrad aus der Kurve zu driften. Nur bei einem Notstopp in der Geraden ziehen Sie beide Bremsen mit voller

aus der Kurve. Deshalb gilt: vor der Kurve mit beiden Bremsen die Geschwindigkeit so weit reduzieren, daß man gefahrlos um die Ecke kommt, dann die Vorderradbremse lösen und die Kurve selbst nur mit der Hinterradbremse durchfahren.

Kraft, schieben dabei jedoch den Po überm Sattel weit nach hinten, um nicht per Luftpost über den Lenker zu gehen. Bei einer schnellen Abfahrt auf einer Forststraße oder einem Schotterweg werden Sie automatisch versuchen, die Ideallinie zu finden. Das heißt: Sie

steuern die Kurve ganz außen an, um sie an ihrem Scheitelpunkt ganz innen zu durchfahren. Dabei müssen Sie in den meisten Fällen die Fahrspuren von landwirtschaftlichen oder Forstfahrzeugen wechseln. Zwischen diesen Fahrspuren befindet sich nun meist ein kleiner Hügel aus Schotter oder Gras. Um beim Überqueren dieses Hindernisses bei höherem Speed keinen Schiffbruch zu erleiden, bremsen Sie noch in der einen Fahrspur mit beiden Händen an, um beim Queren zur anderen Fahrspur die Vorderradbremse zu lösen.

ZWEI FINGER FÜR DIE BREMSE

Noch ein Wort zur Grifftechnik: Auch wenn Sie lange Bremshebel besitzen, greifen Sie nie mit allen vier Fingern vom Lenkergriff zur Bremse, da sonst

IDEALLINIE: AUF DEN EINLENKPUNKT KOMMT ES AN

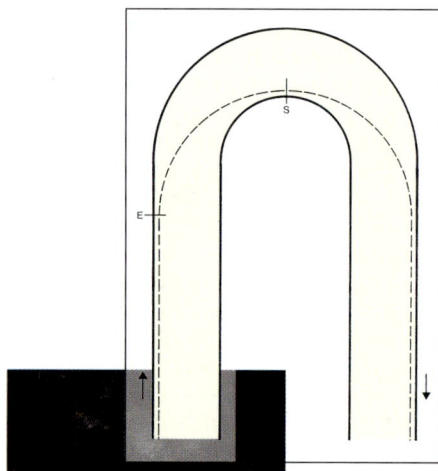

Bild I zeigt die Ideallinie, wie sie die Mehrzahl der Biker fährt.

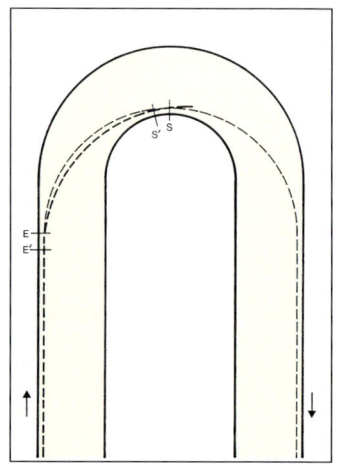

Ein früher Einlenkpunkt hat Nachteile. Der Biker wird weit nach außen getragen, und am Kurvenende wird es dann knapp.

beim starken Verzögern ein großer Teil Ihres Körpergewichts nur von den Daumenbeugen gehalten wird. Das kann zu Verletzungen führen. Bei allem Speedspaß, den Sie bei schnellen Abfahrten genießen, und bei aller Sicherheit, die sich mit der Zeit einstellt: Bitte vergessen Sie nie, bei solchen Abfahrten einen Helm zu tragen. Und denken Sie bitte auch daran, daß Sie der schnellere Verkehrsteilnehmer sind und deshalb auf Fußgänger Rücksicht nehmen müssen.

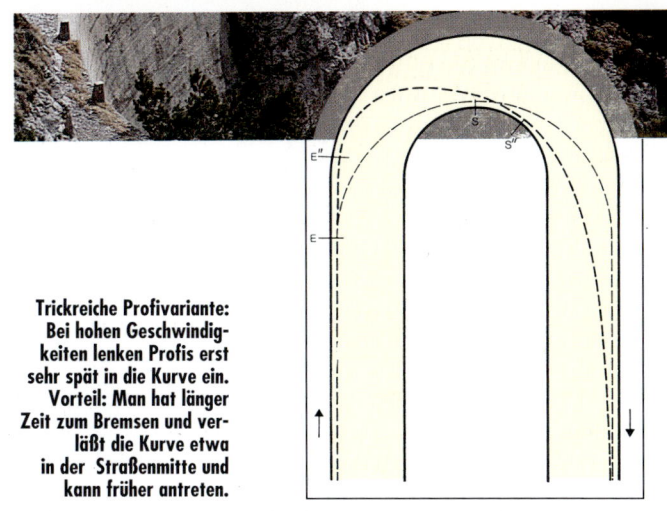

Trickreiche Profivariante: Bei hohen Geschwindigkeiten lenken Profis erst sehr spät in die Kurve ein. Vorteil: Man hat länger Zeit zum Bremsen und verläßt die Kurve etwa in der Straßenmitte und kann früher antreten.

IDEALLINIE IN KURVENKOM-BINATIONEN: GLEICH AN DIE NÄCHSTE KURVE DENKEN

Foto: Heinz Endler

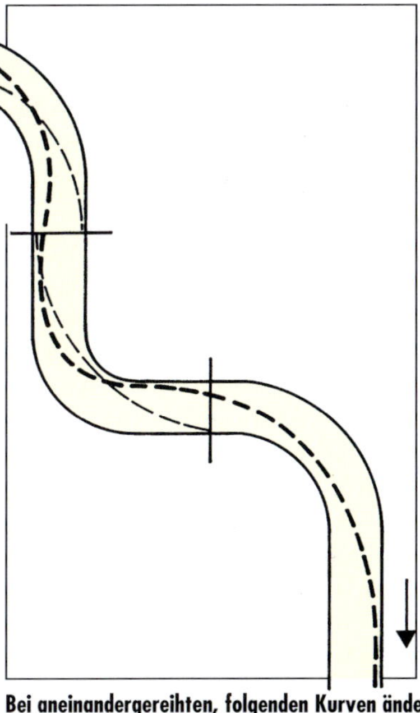

Bei aneinandergereihten, folgenden Kurven ändert sich die Ideallinie sehr stark: Während man sich bei einer einzelnen Kurve weit nach außen tragen läßt, versucht man bei Kurvenkombinationen schon in der Straßenmitte aus der Serpentine zu fahren. Das hat den Vorteil, daß der Biker die nächste Kurve korrekter anfahren kann.

FEDERGABEL-
FAHRTECHNIK

12

Die Federgabel kommt mit Macht: Immer mehr Biker erkennen ihre Vorteile im Komfort, Sicherheit und Speed, diskutieren aber auch ihre Nachteile in Sachen Energieverlust, Geometrieveränderung und ungewolltes Eintauchen beim Bremsen. Diese Nachteile lassen sich jedoch weitgehend ausschalten — mit der richtigen Fahrtechnik.

Die Zukunft des Mountainbikes ist ohne Federgabel eigentlich gar nicht mehr vorstellbar." Wer einmal auch nur einen Tag lang mit Federung über holprige Pisten gedüst ist, wird dieses Statement voll unterschreiben. Dennoch sitzen ein paar alte Vorurteile in den Köpfen vieler Hardcore-Biker, die bisher noch nicht die Gelegenheit hatten, eine Federgabel auszuprobieren. Allein die Vorstellung, beim Bergauffahren mit jedem Tritt ein Quentchen Kraft nutzlos in die Gabel zu pushen wie in einen feuchten Schwamm, läßt Uphill-

te, und die geringe Verwindungssteifigkeit der Telegabel läßt in Kurven die Lenkung weniger präzise wirken.
Diese skeptischen Argumente können einen wahren Federgabel-Freak aber nicht aus der Ruhe bringen:
Wenn man seine Fahrtechnik auf diese Besonderheiten einstellt, braucht man weder mehr Kraft noch mehr Vorsicht – ein paar kleine Tricks in der Gewichtsverlagerung und ein bißchen Routine, dann macht die Federgabel das Biken zum puren Genuß. Nun taucht bei Bikes, deren Geometrie nicht

präzise auf die Federgabel abgestimmt wurde, häufig das Problem auf, daß sich die Klettereigenschaften durch die größere Einbauhöhe der Federbeine verschlechtern. Dieses Manko kann der pfiffige Biker allerdings ausgleichen, indem er sich in steilen Passagen etwas weiter nach vorne beugt oder mit dem Po auf dem Sattel weiter nach vorne rutscht.

BERGAUF: KEIN DRUCK AUF DEN LENKER

Der Trick liegt wie immer in der dosierten und präzisen Gewichtsverlagerung – Oberkörper einerseits so weit nach vorne, daß das Vorderrad nicht hochkommt wie beim Gabelstapler, andererseits mit dem Po soviel Gewicht auf das Hinterrad bringen, daß es nicht durchdreht. Den Oberkörper zieht man dabei mit den Armen leicht nach vorne. Der Zug am Lenker soll jedoch nach hinten gerichtet sein und nicht nach oben oder unten, damit der Gaul vorne weder aufbäumt noch an der Gabel in die Knie geht.
Das ändert sich freilich für Pedalritter mit Rennambitionen, die sich oft im wilden Wiegetritt

Bei hohem Tempo Body nach hinten und Beine beugen, um Defekte zu verhindern. Vorsicht: Das Hinterrad ist nicht gefedert. Auf der Rüttelpiste sind Deine Beine die Stoßdämpfer.

Fans die Stirn in Falten ziehen. Beim Downhill können sich die meisten Skeptiker zwar die positiven Aspekte vorstellen – weniger Preßlufthammer an den Händen und weniger Geisterbilder vor Augen –, aber die Zweifler heben trotzdem warnend den Finger. Beim Bremsen gehen die Federbeine in die Knie, der Lenker taucht ein paar Zentimeter ab und die Tendenz, im Hecht über denselben zu fliegen, nimmt deutlich zu. Außerdem verändert sich dabei die Geometrie, was die Fahrleistungen des Bikes schmälern könn-

Rasanter Downhill: In Kurven Druck vom Lenker für möglichst geringes Vermindern der Gabel und volles Ausnutzen des Federweges. Bei waagerechten Kurbeln in den Pedalen stehen und mit dem Po leicht hinter den Sattel rutschen.

den Berg hochpowern: Durch den Einsatz des gesamten Körpergewichts erhöht sich der Druck auf den Lenker ruckweise, so daß die Gabel im Rhythmus immer dann nachgibt, wenn eine Kurbel den unteren Totpunkt erreicht. Auch hier liegt das Geheimnis wieder in der wohltemperierten Gewichtsverlagerung. Denn auch im Wiegetritt kann man bewußt viel Druck auf den Lenker geben und damit die Gabel jedesmal mächtig zusammenstauchen – oder eben sein Gewicht zärtlich nach hinten bugsieren, um damit Last vom Vorderrad zu nehmen. Wer dabei noch möglichst sanft und feinfühlig in die Pedale tritt und nicht sein volles Gewicht in die Waagschale wirft, wird merken, daß die Gabel auch beim kraftvollen Wiegetritt kaum nachgibt.

An den Spekulationen über Energieverschwendung beim Bergauffahren stellt der amerikanische Federungspionier Bob Girvin allerdings eine einleuchtende Theorie gegenüber. Seiner Meinung nach werden nämlich die Kraftverluste durchs eventuelle Einfedern mehr als aufgewogen durch die Vorteile, die die weiche Aufhängung des Vorderrades erzeugt: Denn auch beim Uphill stößt das Rad gegen Steine und Wurzeln, die sich dem lockeren Abrollen entgegenstemmen. Diese bremsenden Kräfte werden nun physikalisch zerlegt in je einen nach oben und einen nach hinten gerichteten Vektor. Ein nicht gefederter Gabelbock muß also über das Hindernis drüberklettern und wird dabei immer ein wenig nach hinten gepusht. Die Federgabel dagegen puffert diese bremsenden Kräfte ab und läßt so das Rad leichter über

Im Trial-Gelände beim Bergabfahren Arme lang machen und mit dem Po hinter den Sattel rutschen. Die Bremsen mit Gefühl dosieren, um nicht über den Lenker zu gehen.

Frühzeitig vor Stufen aus dem Sattel gehen. Vorderrad entlasten, um den ganzen Federweg nutzen zu können. Auch hier Pedale waagerecht stellen, um nicht an einer Kante hängen zu bleiben.

Hindernisse rollen. Bob Girvin kommt zu dem Schluß, daß aus diesem Grund die Geschwindigkeitsverluste mit einer Federgabel viel geringer ausfallen und daß der Biker deshalb müheloser und wahrscheinlich sogar schneller bergauf pedaliert. Eine genaue Messung, die seine Theorie erhärten könnte, läßt sich freilich nur schwer anstellen. Subjektive Erfahrungen zeigen jedoch, daß auf langen Bergstrecken die Federbiker keineswegs langsamer oder stärker angestrengt waren als ihre ungefederten Kollegen. Lassen sich die Qualitäten einer

Federgabel beim Uphill abendfüllend diskutieren, so sind die Vorteile beim Downhill unbestritten: Kein grobes Gestein knallt bis in die Handgelenke durch – nicht der Lenker vibriert wie verrückt, sondern eben die Federbeine. Die Hände führen den Lenker mühelos, die Unterarme verkrampfen nicht. Zu diesem enormen Komfortgewinn kommt schließlich ein weiterer Vorteil der Dämpfung: Das Vorderrad springt nicht wie ein wildgewordener Geißbock über den Schotter, sondern hält ständig Bodenkontakt, was die Bremswirkung erhöht und die

Lenkung präziser macht – ein deutliches Sicherheitsplus. Außerdem muß man mit dem Steinschlucker unterm Steuersatz nicht so hundertprozentig auf die Ideallinie achten, man kann auch mal über größere Brocken drüberbolzen, ohne einen Durchschlag oder einen Sturz zu riskieren. Fahrtechnisch kann man sich quasi ausruhen, man muß es nicht so genau nehmen, und es werden trotzdem weniger Defekte am Bike auftreten.

Dennoch wird der vernünftige Federbiker nicht einfach blind drauflosstürmen, sondern – wie immer – vorausschauend fahren. Eine Wurzelpassage oder ein größeres Schotterstück im Visier, wird er kurz davor die Knie beugen und sein Gewicht nach unten bringen, um sich unmittelbar vor dem Hindernis deutlich vom Boden abzudrücken. Sich leicht machen heißt die Devise. Diese Technik funktioniert wie ein angedeuteter Bunny Hop, aber die Reifen verlassen den Boden nicht. Das Bike wird für einen Moment fast schwerelos und schwebt geradezu über die Klötze und Wurzelpassagen.

DOWNHILL MIT DER UP-AND-DOWN-TECHNIK

Der entscheidende Vorteil des Weichmachers in der Gabel: Er unterstützt den Piloten beim Abdruck vom Boden. Denn die Kraft, die man beim Tiefgehen hineinsteckt, drückt einen wie eine Sprungfeder auch wieder zurück. Rennfahrer schwören deshalb auf eine Elastomergabel: „Mit ihr kann ich höher und besser springen und deshalb Hindernisse schneller und sicherer überwinden", sagen viele

der Profis. Freilich kommt auch der routinierteste Federbiker aus seiner Schwebebahn nach einem kurzen Augenblick wieder herunter. Für diesen Moment hat er sich aber möglichst eine unproblematische Stelle ausgesucht, um sich dort mit dem Schwung der Landung gleich wieder abzudrücken. Diese Up-and-down-Fahrtechnik gleicht einem Auf- und Abschwingen, bei dem man rhythmisch auch den Sattel leicht nach rechts oder links drückt, um seiner Ideallinie zu folgen. Diese Schwebetechnik hilft vor allem, Defekte zu vermeiden. Wer nämlich – von der Federgabel verführt – einfach über grobe Brocken drüberbolzt, riskiert den Durchschlag am Hinterrad und damit nervige Flickarbeit. Aber auch hier bringt die sanfte Gabel den Vorteil, daß man mit geringfügig höherem Luftdruck fahren kann, was einerseits den Komfort nicht spürbar verschlechtert und andererseits den Platten ins Reich der Historie rückt.

BEIM BREMSEN GEHT DIE GABEL IN DIE KNIE

Wer nun animiert vom sanften Dahingleiten dem Speedrausch verfällt, wird vor der nächsten Kurve um so heftiger verzögern müssen, was freilich am effektivsten mit der Vorderbremse geschieht. Dabei wird der Federungs-Novize eine ungewohnte Nebenerscheinung bemerken: Die Gabel geht deutlich in die Knie, der Lenker senkt sich um ein paar Zentimeter ab, und das unangenehme Gefühl, nach vorn über den Lenker katapultiert zu werden, läßt blitzartig den Körper verkrampfen. Abhilfe schafft auch hier eine eigentlich normale Fahrtechnik, die man mit Federgabel nur deutlicher und konsequenter einsetzen muß. Downhill-Spezialisten empfehlen: „Man muß nur frühzeitig vor einer Bremsung aus dem Sattel gehen, den Schwerpunkt vehement nach hinten verlagern und damit der geballten Bremsenergie entgegenwirken. Am besten stützt man sich dabei mit fast gestreckten Armen am Lenker ab. Das ergibt insgesamt eine geduckte, dynamische Haltung, mit der man leichte Veränderungen in der Geometrie mühelos ausgleichen kann."

VORSICHT IN SCHNELLEN KURVEN

Hat der Soft-Biker seine Geschwindigkeit vor der Kurve wirkungsvoll reduziert, so taucht in der Kurve ein spezifisches Telegabel-Problem auf, das man weder beobachten noch genau vorausberechnen kann: Die Verwindungssteifigkeit der Tauchrohre ist generell geringer als die normaler Gabeln, und

tion bietet die Federgabel bei schnell gefahrenen Schotterkurven sogar ein Plus an Sicherheit. Denn durch die Dämpfung springt das Vorderrad nicht wie ein Flummi über die Brocken, sondern behält Bodenkontakt, was letztlich zu einer besseren Bremswirkung und einer sichereren Kurvenlage führt.

TRIAL: FEDERWEG BEWUSST EINKALKULIEREN

Mögen konservative Skeptiker die Vorteile der Schotterdämpfung bei schneller Fahrt noch akzeptieren, so kommen sie doch sehr schnell zu dem Schluß, daß eine Federgabel im Trialgelände nichts zu suchen hat. Zu unberechenbar seien die Geometrieveränderungen, zu tückisch das Eintauchverhalten an hohen Stufen. Doch wahre Könner gleichen auch das mit Fahrtechnik aus und nutzen die spezifischen Vorteile der Gummigabeln.

Will der Feder-Neuling zum Beispiel eine kleine Geländestufe hinauffahren, so wird er merken, daß das Vorderrad nicht einfach mit einem knallharten Stoß am Lenker drüberrollt, sondern daß erstmal die Federgabel einen Kniefall macht, das Körpergewicht ruckartig nach vorne schnellt und das Vorderrad sich wegen des erhöhten Drucks an der Stufe verbeißt und blockiert. In dieser Situation wird der Trialpilot nur mühsam seinen Abgang verhindern können, und mit etwas Pech gibt es sogar eine Kollision zwischen edlen Weichteilen und dem Vorbau. Um sich diese schmerzhafte Erfahrung zu sparen, sollte

man vor solchen Stufen erst einmal die Federgabel kräftig nach unten drücken, um dann beim energischen Hochziehen des Lenkers das Ausfedern der Gabel zum deutlichen Hochlupfen des Vorderrades zu nutzen. Diese Technik kann man vor der Haustür an jeder Bordsteinkante üben, um später im Gelände für größere Aufgaben gewappnet zu sein. Was beim Runterfahren einer kleinen Treppe angenehm wirkt, nämlich das sanfte Abdämpfen des Aufpralls, kann bei hohen Stufen zuerst einmal unangenehm sein: Die Gabelbeine geben so weit nach und das Körpergewicht kommt so abrupt nach vorn, daß man leicht per Bocksprung über den Lenker hüpft. Abhilfe schafft auch hier die bewußte, frühzeitige und noch deutlichere Gewichtsverlagerung nach hinten, als man es von der Normalgabel her gewohnt ist. Ganz wichtig ist es dabei, die Arme ganz auszustrecken und sich aus der tiefen Position heraus am Lenker abzustützen. Fürs Trialfahren mit Federgabel ist es deshalb noch hilfreicher, den Sattel ganz nach unten zu schieben. Im Prinzip muß man also für das Biken mit Federgabel keine neuen Fahrtechniken lernen, sondern nur die normale Technik noch akzentuierter und präziser einsetzen. Wer sich auf seine Ideallinie konzentriert, wer die dosierte Gewichtsverlagerung beherrscht, wer sein Bike laufen läßt und nicht gegen es kämpft, wird mit einer guten Federgabel eine völlig neue Faszination erleben.

damit fühlt sich die Lenkung manchmal etwas schwammig an. Man hat das Gefühl, die Kurve nicht mehr so exakt auszirkeln zu können. Diese Gummilenkung tritt vor allem dann auf, wenn viel Druck auf dem Lenker lastet, der Biker in der Kurve also noch bremst, oder sein Gewicht nicht weit genug nach hinten verlagert hat. Dadurch erhöht sich nämlich der Anpreßdruck des Vorderrades auf den Boden, so daß es sich deutlich gegen den Lenkimpuls spreizt. Auch hier hilft: bei waagerechten Kurbeln auf den Pedalen stehen, den Po weit hinter den Sattel schieben, leicht am Lenker ziehen und damit das Vorderrad entlasten.
In dieser korrekten Fahrposi-

13 KURVENTECHNIK BEIM DOWNHILL

Kurven sind mehr als nur eine Richtungsänderung — an jeder Ecke wartet ein neues Spiel mit den Reibungs- und Fliehkräften. Im weiten Bogen heizen, die Kehre driften, das Bike drücken oder legen — jeder Turn braucht eine andere Technik. Hier steht, wie man schnell und sicher die Kurve kratzt.

Blanker Mut ist nicht genug. Um sein Bike wirklich schnell um die Ecke zu bringen, braucht man keine Lebensversicherung, sondern vor allem Technik, Gefühl und Erfahrung. Was ist das Geheimnis?

Der wichtigste Rat: Die ganze Bremsarbeit muß schon vor der Kurve erledigt sein. Sie müssen sich danach voll auf die richtige Linie und die Körperhaltung konzentrieren können. Das bedeutet, man muß vor der Biegung runterbremsen, am besten mit Vorder- und Hinterradbremse zugleich.

Beim Bremsen liegt das Gewicht des Fahrers allerdings viel mehr auf dem Vorderrad, deshalb hat die vordere Bremse auch die stärkere Wirkung. Das merkt man schon daran, daß man das hintere Rad viel leichter blokkieren kann als das vordere. Etwa 80 Prozent der Bremskräfte werden also vom Vorderrad auf den Schotter gebracht. Wenn man das Bike in die Kurve legt, muß die Hand deshalb unbedingt weg von der Vorderbremse, weil man sonst vielleicht aus der Kurve fliegt. Grundsätzlich kann ein Reifen nämlich nur zwei Kräfte aufnehmen: Beschleunigen beziehungsweise Bremsen und Lenken. Mit beiden Kräften kann man ein Rad zum Ausbrechen bringen. Wenn man einen Teil der Haltekräfte des Reifens auf dem Untergrund mit Bremsen vergeudet, wird das Vorderrad beim zusätzlichen Lenken um so eher ausbrechen. Für die Sicherheit gilt: Entweder bremsen oder lenken, aber möglichst nicht beides gleichzeitig.

Man muß also vor der Kurve auf das ideale Tempo runterbremsen. Dabei die optimale Geschwindigkeit zu erwischen, ist eine Kunst, die viel Routine erfordert. Wenn man im Notfall in der Schräglage bremsen muß, dann nur hinten. Ein blockiertes Hinterrad bricht zwar auch leicht seitlich aus, aber es folgt zumindest dem Vorderrad, das in der Ideallinie durch die Kurve geht. Rutscht jedoch das Vorderrad seitlich weg, ist meistens nichts mehr zu retten – man macht einen unsanften Abstieg.

EINE LINIE FÜR ALLE KURVEN

Die Ideallinie findet man auf dem Bike genauso wie im Auto – die schnellste und sicherste Art, eine Kurve zu durchfahren, ist immer die gleiche: zuerst außen anfahren, dann ganz nach innen in den Scheitelpunkt der Kurve ziehen und dann wieder ganz rund nach außen gehen. Das macht eigentlich jeder ganz automatisch – man nutzt einfach die physikalischen Gesetze optimal aus. Denn in dieser Ideallinie fährt man den größten Radius und erzeugt damit die kleinsten Querkräfte, so daß man sein Bike mit gleichmäßig hohem Tempo durch die Kurve ziehen kann. Je kleiner der Kurvenradius, desto langsamer muß man fahren . . .

Allerdings muß man bei vielen Schotterwegen mit zwei Fahrspuren über den Gras- oder Kieshügel in der Mitte fahren, und da ist meist der Untergrund tückisch.

Sie sollten deshalb beim Überfahren dieser Welle entweder

die Bremsen kurz loslassen oder das Bike ein wenig aus der Schräglage nehmen. Das kostet immer noch weniger Speed, als in der äußeren Fahrspur auf einen kleineren Kurvenradius festgelegt zu sein.

IN DER KURVE DRUCK AUFS PEDAL

In langgezogenen, schnell gefahrenen Kurven bleibt der Körper in der Speed-Haltung: Pedale waagerecht, den Po ein wenig über und hinter dem Sattel, um nicht zu viel Druck auf den Lenker zu geben. In engeren Kurven stützt man sich mit dem gestreckten Bein auf das kurvenäußere Pedal. Das innere Pedal steht damit am höchsten Punkt – so bleibt mehr Platz für die Schräglage und es kann nirgends hängenbleiben. Außerdem befindet sich der Po in dieser Haltung automatisch leicht über dem Sattel, und der Oberschenkel des äußeren Beins liegt am Sattelrand. So kann man mit schnellen Gewichtsverlagerungen nach vorne oder hinten reagieren und dirigiert das Bike zusätzlich mit Schenkeldruck in die Schräglage.

Hat man jetzt die richtige Fahrposition gefunden, kann man die Kurve auf zwei verschiedene Arten durchfahren – man drückt nur das Bike in den Turn, oder man legt sich ganz hinein.

Drücken heißt nichts anderes, als daß man das Bike unter seinem Körper in die Schräglage für die Kurve drückt und dabei selber fast aufrecht bleibt. Das Rad kann auf diese Art in engen Kurven sehr weit gekippt werden, während der Oberkörper nahezu senkrecht steht. Im Gegensatz zum Drücken haben beim Legen das Bike und der Fahrer den gleichen Neigungswinkel. Der Oberkörper des Fahrers und das Sattelrohr liegen zusammen auf einer Linie. Mit diesen beiden Techniken kann man seinen Fahrstil den unterschiedlichen Bodenverhältnissen anpassen. Je fester und griffiger der Untergrund ist, desto mehr kann man sich legen, auf Asphalt also immer. Je lockerer der Boden, desto mehr muß man drücken. Wenn der Weg rutschig wird, auf Kies und Sand oder bei nassen Strecken, hat das Drücken erhebliche Vorteile. Dadurch, daß der Oberkörper fast aufrecht über dem Bike steht, kippt man nicht hilflos nach

innen um, falls die Reifen wegrutschen. Diese Fahrtechnik ist aus einem weiteren Grund sicherer als das Legen: Wenn die Kurve unerwartet immer enger wird, legt man den Oberkörper doch noch ein wenig nach innen, oder man versucht, das Bike noch tiefer in die Schräglage zu drücken, damit man um die Kurve kommt.

AUF LOCKEREM BODEN LIEBER DRÜCKEN

Alles klar? Auf lockerem Untergrund soll man also immer drücken, das ist sicherer. Aber was macht man denn, wenn trotzdem mal das Vorderrad zur Seite weggeht?
Das ist Gefühlssache, für solche Situationen muß man viel Erfahrung sammeln. Um zu vermeiden, daß in der Schräglage das Vorderrad wegschmiert, darf man beim Lenken nur so viel Druck auf den Lenker und den Vorbau ausüben, daß der Vorderreifen seine Führung behält. Sobald man merkt, daß das Vorderrad ausbrechen will, darf man auf keinen Fall bremsen. Statt dessen muß man die Belastung

vorne verringern, sonst drückt man den Reifen erst recht zur Seite weg. Am besten verlagern Sie den Schwerpunkt rasch nach hinten, indem Sie blitzschnell Hüfte und Oberkörper zurückschieben. So nimmt man das Gewicht vom Lenker weg, und der Vorderreifen bleibt in der Spur.
Außerdem sollte man es auch vermeiden, auf der Ideallinie mit dem Vorderrad über Wurzeln oder Steine zu rollen, denn dadurch wird die Gefahr größer, daß der Reifen wegrutscht.
Den Drift mit dem Vorderrad sollte man also nicht ausprobieren. Aber mit dem Hinterrad in die Kurve reinzudriften, schaut schon spektakulär aus. Aber im Sinne von hoher Geschwindigkeit lohnt sich der Drift eigentlich nicht. Denn wenn das Hinterrad zu lange schleift oder im Drift zu sehr belastet wird, bremst es zu stark, und das kostet wertvolle Geschwindigkeit. Man muß schon sehr viel Gefühl für die Bremswirkung des blockierten Hinterrads haben, um mit dem Drift die ideale Kurvengeschwindigkeit zu erreichen. Auf jeden Fall löst man den Power-Slide vor der Kurve aus. Man zieht die Bremse, bis das Hinterrad blockiert. Indem Sie die Hüfte nach außen verlagern, schwenken Sie das Heck des Bikes zur gleichen Seite. Vor einer Linkskurve schleudert man mit dem Bike zuerst nach links. Dann, im Eingang der Kurve, läßt man das Hinterrad nach rechts, zur Außenseite der Kurve rutschen. Der hintere Reifen schreibt sozusagen ein Fragezeichen in den Weg. Man driftet nur bis zur Mitte

Auf festem Untergrund legen: Die Neigung von Fahrer und Bike stimmt überein.

Bei lockerem Boden drücken: Die Schräglage des Bikes ist größer als die des Piloten.

Das abgespreizte Knie wirkt als Balancehilfe und der Schwerpunkt wandert nach innen.

In engen Kurven auf losem Untergrund muß man das Bike extrem drücken.

Bein auf den Boden bringen können. Wer mit Haken fährt oder ein Pedal benützt, das den Schuh fixiert, sollte Übung darin haben, den Fuß blitzschnell frei zu bekommen.

13

ERST AUFRICHTEN – DANN BREMSEN

Apropos Rettungsaktion: Ist man zu schnell in die Kurve gestochen, braucht man viel Erfahrung und schnelle Reaktionen. Bremsen in der Schräglage ist problematisch. Als einzige Chance können Sie volle Kanne die hintere Bremse ziehen und gleichzeitig den Fuß auf der Innenseite der Kurve aufsetzen. Dabei rutscht man mit dem blockierten Hinterrad und dem aufgesetzen Bein wie ein Motorrad-Speedwayfahrer herum. Wenn man es gar nicht mehr schafft, versucht man am besten, das voll gebremste Hinterrad herumzuschleudern bis zum Stand. Diese Notbremse ist wie der Abschwung beim Skifahren. Bei zu hoher Geschwindigkeit ist es zu gefährlich, einfach geradeaus weiterzufahren, wenn man nicht weiß, was neben dem Weg kommt. Da wirft man sich lieber zu Boden.

Das klingt zwar ganz schön gefährlich, aber meistens fliegt man nur dann, wenn der vordere oder beide Reifen gleichzeitig seitlich wegrutschen. Dann hilft nur noch eins: Man muß versuchen, auf den Beinen zu bleiben. Das geht am besten, wenn man das hintere Bein auf den Boden bringt, das Bike am Lenker nach unten wirft und weiterläuft. Damit vernichtet man die Energie.

der Kurve. Allerspätestens im Scheitelpunkt läßt man die Bremse wieder los, sonst wird man viel zu langsam. Außerdem hat das Driften noch mehr Nachteile. Meist fliegen Steine, und man verschreckt Fußgänger bis in die Knochen. Solche Speed-Tricks sollte man sich fürs Rennen aufheben. Die Umwelt und der Ruf aller Biker profitieren davon.

Legen, Drücken und Driften sind also die drei grundlegenden Kurventechniken. Bei allen Techniken sollte man das kurveninnere Knie abspreizen. Dadurch liegt der gemeinsame Schwerpunkt vom Fahrer und vom Bike weiter innen und unten, was in der Kurve mehr Sicherheit bringt. Außerdem wirkt das abgespreizte Knie wie eine Balancehilfe. Nur in sehr schnell gefahrenen Kurven läßt man das Knie drin, um die bessere aerodynamische Haltung einzunehmen.

Um nun auch nach einer engen Kurve, in der man stark herunterbremsen mußte, schnell wieder auf Speed zu

kommen, muß man schon ab dem Scheitelpunkt der Kurve versuchen, wieder anzutreten. Beim Rollen belastet man über das Pedal das Bike im Heckbereich wie ein Skifahrer beim Riesenslalom, wenn er aus dem Tor fährt. Sie müssen außerdem schon vor der Kurve den richtigen Gang eingelegt haben, um wieder voll antreten zu können. Wenn der Gang zu schwer ist, kommt man nicht auf Touren. Und wenn er zu leicht ist, tritt man erst einmal ins Leere. Das kann gefährlich sein, weil man dann leicht vom Pedal abrutscht.

Größere Sicherheit bieten in den Kurven generell die Pedalhaken. Aber wenn man sich wirklich einmal in der Geschwindigkeit verschätzt hat, muß man für Rettungsaktionen möglichst schnell ein

14 STANDÜBUNGEN – VORAUSSETZUNG FÜR TRIAL-FAHREN

Wer wird denn gleich absteigen, wenn die Räder einmal still stehen? Könner beherrschen ihr Bike nicht nur während der Fahrt, sondern auch im Stand. Denn das geschickte Ausbalancieren bringt echte Vorteile: Bei kniffligen Situationen kann man sich in Ruhe orientieren und durch seitliches Versetzen eine perfekte Ausgangsposition schaffen. Lesen Sie, wie Sie mit Ihrem Bike auf der Stelle treten können.

Sind wir doch mal ehrlich: Irgendwie ist es immer eine kleine persönliche Niederlage, wenn man wegen eines Hindernisses oder eines Engpasses auf dem Weg anhalten und absteigen muß. Manchmal liegt es nur an einem einfachen Fahrfehler: Sie haben eine Stufe im falschen Winkel angefahren oder sich mangels Überblick in eine Sackgasse hineinmanövriert. Ein geübter Fahrer kann eine solche Situation dennoch elegant lösen: Anstatt abzusteigen, das Bike zurechtzurücken und neu zu starten, hält der Könner auch im Stand sein Gleichgewicht, orientiert sich in aller Ruhe und richtet sein Stahlroß durch gezielte Sprünge neu aus. Geradezu ein Muß ist eine ausgefeilte Balance-Technik für alle Bike-Piloten, die ihre Pedalhaken gerne fest anziehen. Bei einem abrupten Stopp bekommt man die Füße nicht schnell genug aus den Clips, und ohne Gleichgewichts-Training fällt man kerzengerade nach der einen oder anderen Seite um.

STANDFESTIGKEIT BRINGT SICHERHEIT

Vorteilhaft ist die Standfestigkeit auf dem Bike auch in der Stadt: Ob an der Ampel oder im Stop-and-Go-Verkehr — die Rad-Beherrschung bringt Sicherheit und spart Zeit, da man sich das lästige Auf- und Absteigen schenkt.

Sicher ist die Schulung des Gleichgewichts eine Frage der Zeit. Niemand darf erwarten, innerhalb weniger Stunden das absolute Balancegefühl zu entwickeln. Das Bike-Handling im Stehen ist Übungssache und muß immer wieder trainiert werden. Ein paar Tricks helfen jedoch, das Gespür fürs Gleichgewicht deutlich zu beschleunigen. Als Trainingsgebiet für Ihre Standübungen eignet sich jedes leichte Gelände – zum Beispiel auch ein großer Parkplatz. Vorbereitung auf Ihren Balanceakt im Stehen ist nach und nach immer langsameres Fahren. Während der Fahrt wird das Bike durch die Kreiselbewegung der Räder stabilisiert. Je niedriger die

Geschwindigkeit, desto kippliger wird jedoch das ganze System und um so mehr muß der Fahrer aktiv Gleichgewicht halten.

Zuerst fahren Sie im Stehen langsam geradeaus, dann Kreise und später Achter. Um die Geschwindigkeit zu dosieren, ziehen Sie während der Fahrt Vorder- und Hinterradbremse leicht an. Sie treten quasi gegen die Bremswirkung — nur so können Sie über längere Strecken das niedrige Tempo halten. Für das Balancieren des Bikes bei langsamer Fahrt und später im Stand ist es sehr wichtig, daß Sie das richtige Fingerspitzengefühl für die Bremsen entwickeln. Der Trick besteht darin, kleinste Gleichgewichtsschwankungen durch minimales Nachlassen und Ziehen der Bremsen auszugleichen. Wichtig ist dabei die richtige Griffhaltung: Zeige- und Mittelfinger liegen am Bremshebel, während Daumen, Ringfinger und der kleine Finger den Griff umfassen.

Versuchen Sie nun nach und

Stehen in der Ebene: die Pedale waagerecht stellen und den Lenker einschlagen.

Versetzen des Vorderrads: Gehen Sie tief und reißen Sie den Lenker seitlich hoch.

nach immer kleinere Radien zu fahren – bis der Lenker schon fast parallel zum Oberrohr steht. Um ganz enge Kurven zu schaffen, muß man das Bike extrem in die Kurve legen und den Körperschwerpunkt dabei möglichst weit nach außen bringen.

AUF DER SCHOKOLADEN-SEITE GEHT'S BESSER

Probieren Sie dann, auch bei der Geradeausfahrt das Bike schräg zu stellen und Ihren Körper auf die andere Seite zu lehnen. Halten Sie die Arme gestreckt und die beiden Pedale waagerecht. Sie werden feststellen, daß Sie in dieser Stellung Gleichgewichtsschwankungen viel leichter ausgleichen können. Prinzipiell haben Sie die Möglichkeit, das Bike in beide Richtungen zu neigen – die meisten Fahrer besitzen jedoch eine Schokoladenseite. Viele Rechtshänder bevorzugen es, das Bike nach rechts zu kippen, das heißt, sie lehnen den

Körper nach links.
Wenn Sie alle Vorübungen beherrschen, können Sie sich an die ersten Stehversuche machen. Am einfachsten ist es, wenn Sie sich dafür zunächst eine Stelle mit einer flachen Steigung suchen. Als typischer Rechtshänder (Linkshänder umgekehrt) biken Sie langsam schräg links nach oben und bremsen. Wenn Sie stehenbleiben, schlagen Sie den Lenker nach rechts ein.
Nun beginnt das Balancespiel: Lehnen Sie das Bike nach rechts und den Körper nach links. Wie beim Geradeausfahren muß der Gesamtschwerpunkt von Bike und Fahrer genau über der gedachten Linie zwischen den beiden Reifenaufstandspunkten liegen. Wandert der Gesamtschwerpunkt nach links oder rechts, droht das System umzukippen. Am Berg ist das Gleichgewicht jedoch relativ leicht auszubalancieren, indem man sich entweder ein Stück nach hinten rollen

läßt oder nach vorne tritt. Durch den quergestellten Lenker verschiebt sich dabei der Schwerpunkt zum Bike, und man stellt die Balance wieder her.
Kippen Sie nach rechts, müssen Sie wenige Zentimeter nach oben treten – fallen Sie nach links um, lassen Sie sich umgekehrt ein Stück nach hinten rollen. Das Ausgleichen geht natürlich mehr oder weniger automatisch. Haben Sie erst einmal den richtigen Druckpunkt am Pedal, können Sie sich in dieser Stellung minutenlang halten.
Schwieriger ist der Balanceakt auf ebener Fläche. Die Möglichkeit, sich nach hinten rollen zu lassen, entfällt hier logischerweise. Mit etwas Übung kann man dennoch ein stabiles Gleichgewicht herstellen. Wichtig ist, daß Sie den Lenker wieder stark einschlagen und die Bremsen ziehen. Durch den Nachlauf der Gabel spüren Sie beim Einschlagen an einer bestimmten Stelle (von

Versetzen des Hinterrades: Gewicht nach vorn und das Bike mit den Pedalen liften.

Lehnen Sie den Körper nach außen und ertasten Sie vorsichtig den Lenkerdruckpunkt.

Bike zu Bike unterschiedlich) einen leichten Widerstand. An diesem Druckpunkt müssen Sie sich ganz behutsam herantasten. Sie stehen in den Pedalen, neigen das Bike nach rechts und versuchen, den Widerstand durch leichte Lenkerbewegungen auszumachen. Der Idealfall ist, daß Sie es schaffen, sich gegen diesen Druckpunkt zu lehnen. Kippt das Bike nach rechts, schlagen Sie den Lenker vorsichtig nach rechts ein, drohen Sie nach links umzufallen, gleichen Sie das durch eine Lenkerbewegung nach links aus.

SEITHÜPFEN GEGEN GLEICHGEWICHTSSTÖRUNGEN

Verlieren Sie nicht die Geduld, wenn Ihnen diese Technik nicht auf Anhieb gelingt. Nur wirklich geübte Fahrer sind auf der Ebene in der Lage, für längere Zeit auf einem Punkt stehen zu bleiben. Bei genauerem Hinsehen tricksen nämlich die meisten Standgötzen ein bißchen: Kommt man mit der Druckpunkt-Methode aus dem Gleichgewicht, löst man gefühlvoll die Bremsen und fährt ein paar Zentimeter nach vorne. Dadurch kann man die Balance sofort wieder herstellen.

Wer wegen eines Hindernisses nicht mehr weiter nach vorne fahren kann, hat noch eine andere Möglichkeit, „Gleichgewichtsstörungen" auszugleichen: durch seitliches Versetzen des Vorderrads. Aus verschiedenen Fahrtechnik-Situationen (wie zum Beispiel dem Hochfahren auf einen Randstein) kennen Sie das Hochreißen des Vorderrads ja bereits. In unserem

Fall ziehen Sie die beiden Bremsen, beugen den Oberkörper über den Lenker, knikken die Ellenbogen etwas ein und lupfen das Vorderrad dann nach oben links oder rechts. Kippt man nach rechts, muß man mit dem Vorderrad nach rechts hüpfen, umgekehrt nach links. Meist sind es mehrere kleine Sprünge abwechselnd nach beiden Seiten, um das Gleichgewicht zu korrigieren.

Wer das Seithüpfen perfekt beherrscht, kann das Versetzen des Vorderrads auch dazu nutzen, sich beliebig weit um die eigene Achse, sprich das Hinterrad, zu drehen. Bei einer Rechtsdrehung läßt man sich dabei bewußt ein bißchen nach rechts kippen und „springt" dann so weit mit dem Vorderrad nach, bis sich das Bike wieder genau unter dem Körperschwerpunkt befindet. Je stärker man sich seitlich abkippen läßt, desto größer muß der Sprung werden, um nicht anschließend umzufallen. Könner schaffen mit dieser Technik aus dem Stand locker eine 90-Grad-Drehung. Was mit dem Vorderrad geht, ist auch mit dem Hinterrad möglich: Um das Hinterteil des Bikes seitlich zu versetzen, muß man wieder beide Bremsen ziehen und sein Gewicht möglichst weit über den Lenker bringen. Wie beim Bunny Hop (siehe Seite 96) stellt man die Pedale schräg und übt auf sie vom Lenker her Druck aus. Zum Seitspringen geht man zuerst in die Knie und zieht die Pedale dann ruckartig mit den Füßen nach oben. Gleichzeitig macht der Körper eine Rotationsbewegung um das Vorderrad nach links oder

rechts. Der Lenker bleibt während des Sprungs in der Ur-Position und wird erst dann nachgezogen, wenn das Hinterrad wieder auf dem Boden ist.

Die letzte Variante, seine Standposition zu verändern, besteht darin, Vorder- und Hinterrad gleichzeitig in der Luft zu drehen. Dabei befindet sich der Körperschwerpunkt exakt zwischen den beiden Rädern, und man springt — mit angezogenen Bremsen — wie beim Bunny Hop ab. Durch geschickten Körpereinsatz kann man das Bike nun beliebig im Sprung parallel versetzen oder um die eigene Achse drehen.

Mit ein bißchen Übung gelingt es Ihnen sicher auch bald, in kleinen Sätzen rückwärts zu springen. Dann können Sie sich wirklich aus beinahe jeder kniffligen Fahrsituation befreien, ohne die Füße von den Pedalen nehmen zu müssen.

In schwierigen Trialpassagen balanciert man das Bike fast im Stand mit dem eigenen Körper aus.

14

15 HÜRDENSPRINT ÜBER HINDERNISSE

Langweilig wird's beim Biken nie: Jedes Hindernis ist eine Herausforderung. Selbst den Hobby-Biker reizt es, sämtliche Stolperstellen auf stabilen Stollenreifen zu passieren. Doch manchmal sind die Augen größer als das Fahrkönnen, und man fährt sich fest. Mit der richtigen Vorbereitung und diesen Technik-Tricks schrauben Sie Ihre Hemmschwellen nach unten und die Könnensstufe nach oben.

Wie ist das nun mit dem neuen Könnensstufen-System?" fragt Bike-Aufsteiger Gerd beim zufälligen Treff am Gardasee. „Das ist doch viel zu leicht eingeteilt, da bin ich ja sofort Fun-Biker." „Na gut, dann fahr doch mal über diese kleine Stufe", kontert der Profi-Biker und deutet auf einen 30-Zentimeter-Absatz auf dem Weg. „Kein Problem", meint Gerd, fährt los und haut kurz vor dem Hindernis die Bremse rein. Neuer Versuch, gleiches Ergebnis. Roß und Reiter verweigern — acht Strafpunkte und der lakonische Hinweis: Gehen Sie im Könnensstufen-System einen Schritt zurück.

Viele Aufsteiger der Stufe 3 sind gerade auf dem Sprung zur Könnensstufe 4, dem Fun-Biker, und bleiben dabei oft nur an ein paar Stolperstellen hängen. Wie der Fahrschüler übt der Offroad-Lehrling viele Standard-Situationen ungestört auf einem ruhigen Gelände und wendet dann das neuerworbene Fahrkönnen in der jeweiligen Situation richtig und problemlos an.

FÜR JEDE HÜRDE DER RICHTIGE GANG

Denn Hindernisse sind das Salz in der Biker-Suppe: Mit einigen trainierten Bewegungsabläufen findet man Spaß daran. Plötzlich werden Steine, Baumstämme und Wurzeln vom Furchtobjekt zu begehrten Trialübungen: Wer einmal mit dem Stollengaul einen schwierigen Geländeparcours gemeistert hat, fühlt sich danach, als könnte sich ihm nichts mehr in den Weg stellen. Das macht den Reiz des Offroad-Bikens aus — statt immer nur auf Asphalt oder glatten Wegen dahinzurollen, tauchen alle möglichen Hürden auf, die man mit dem Gelände-Rad meistern kann. Das Mountain Bike räumt alle

Hinderungsgründe aus dem Weg: Mit der gut abgestuften Übersetzung wählt man für jede Schwelle den passenden Gang. Die exzellenten Cantilever-Beißer erlauben das Bremsen auf den Punkt vor einem Hindernis. Die griffigen Stollenreifen sorgen für Traktion und sichern Halt auch auf rutschigen Sektionen, und die Rahmengeometrie macht das Bike wendig und gleichzeitig auch in schwierigem Terrain noch leicht beherrschbar. Einen Hindernisparcours zum Üben findet man sogar im Asphalt-Dschungel. Der Randstein ist zwar nur etwa zehn Zentimeter hoch, aber ein idealer Sparringspartner, um später gehobene Herausforderungen zu bewältigen. Man kann den Bordstein hinaufhol-

…auf die Hürde. Holen Sie jetzt ein Pedal zurück, so daß es parallel zum Unterrohr steht. Der Oberkörper schiebt sich nach vorne über den Lenker. Wenn das Hinterrad ans Hindernis stößt, kommt die…

Vorbereitung auf die Stufenfahrt: Im kleinen Gang, stehend an das Hindernis fahren. Kurz vor der Stufe reißen Sie durch Druck aufs Pedal und Zug am Lenker das Vorderrad nach oben…

pern und auch wieder hinunterplumpsen, doch besser und vor allem materialschonender bewähren sich folgende Techniken, die sich, mit leichten Variationen, für Stufen aller Art anwenden lassen. Das Vorderrad und das Hinterrad klettern getrennt über das

Hindernis, also läuft der Aufstieg in zwei Phasen ab: Die richtige Anfahrt bleibt für alle Hürden gleich: nicht hektisch und unkontrolliert an die Sache rangehen, sondern beherrscht und ruhig bis kurz vor die Schwelle rollen und dann mit einem kräftigen Zug am Lenker nach oben den vorderen Pneu ganz gezielt zum richtigen Zeitpunkt entlasten und auf die Stufe hieven. Kanten sollte man grundsätzlich in einem stumpfen Winkel anfahren – so verringert sich das Risiko, daß der Reifen schräg abrutscht, falls er Anstoß nimmt.

Außerdem entlastet man beim Stehen auf den Pedalen – für die zweite Phase sehr wichtig – gleichzeitig das Heck des Radl-Jeeps. Das Hochreißen

...gehen Sie in den Sattel zurück. So ist die Traktion am besten. Durch den kleinen Gang setzen Sie selbst bergauf kontrolliert und locker Ihren Geländeritt weiter fort.

Folgen über die Kante hinterher. Bei Randsteinhöhe genügt es, aus dem Sattel hochzugehen. An höhe-

15

...entscheidende Phase: Mit gefühlvollem Antritt und sensibler Gewichtsverlagerung klettert der Stollengaul ganz leicht über die Geländestufe. Wichtig: Erfühlen Sie den Punkt, an dem das Hinterrad noch greift. Dazu befindet sich der Körperschwerpunkt über dem Hinterbau des Bikes. Nach dem Stufenhopser...

LIFT-TECHNIK AUS DEM STAND

Diese Lift-Technik funktioniert im Sitzen und im Stehen. Bei der Abfahrt und in der Ebene hüpft die Vorderhand leichter aus dem freien Stand empor. Denn aus dem Stehen federt der Biker in den Knien und den Ellenbogen tief nach unten ein, um dann den Lenker noch energischer und weiter nach oben zu ziehen.

des Vorderrades kann man auch üben, indem man einfach vor einer Linie oder einem kleinen Ast im Rollen den Lenker nach oben zieht. Schon bei mittlerem Tempo legt der Reifen dann einen Meter in der Luftfahrt zurück, wie man mit der Markierung leicht kontrollieren kann.
Der Vorderreifen ist der Erstbesteiger – ohne hemmende Gewichtsbelastung hoppelt der Heckpneu willig und ohne

ren Schwellen beugt man den Oberkörper zusätzlich über den Lenker nach vorne: So erleichtert man buchstäblich dem Hinterteil den Aufstieg. Eleganter und materialschonender ist folgende Technik: Man preßt die Sohlen fest gegen die Pedale und zieht beide Füße ruckartig nach oben, während man den Oberkörper leicht nach vorne über den Lenker beugt. Diese Technik, übrigens auch eine Vorübung zum Bunny Hop, sollte man in der Ebene trainieren, bis das Hinterrad wirklich verzögerungsfrei den Boden verläßt. Zur Erfolgskontrolle legt man einen Stein oder einen Stock auf den Boden. So kann man das Hinterrad ohne Berührungsängste darüber lupfen. Klappt die Heck-Schleuder einwandfrei, übt man wieder am Randstein des Parkplatzes, den man sich als Spielwiese ausgesucht hat, und im Gelände dann an höheren Kanten wie Baumstämmen.

Schwierig bleibt nur das Timing: Wenige Sekundenbruchteile, nachdem man den Lenker gelupft hat, muß bereits der Zug über die Pedale erfolgen, sonst touchiert der Pneu doch die Kante. Diesen Heck-Lift braucht man unbedingt bei Schranken von 30 Zentimetern und mehr, um das Kettenblatt zu schützen. Die Zähne des großen Rings setzen am frühesten auf. Hebt man das Bike-Hinterteil rechtzeitig, bewahrt man die Blätter vor vorzeitigem Zahnausfall. Wer sein Bike absolut schonen will, liftet Vorder- und Hinterrad bei den Vorübungen über einen Schuhkarton oder einen Schaumstoff-Block, um das Gefühl für das richtige Timing zu trainieren.

Noch mehr Übung erfordern Kanten, herausragende Wurzeln oder Steine, die sich an einer Berg-Strecke befinden. Meist hechelt man schon an der Grenze der eigenen Kletter-Kapazitäten durch den steilen Anstieg, und dann kommt auch noch ein Stolperstein in die Quere – schon steht der Gipfelstürmer auf dem Boden statt auf den Pedalen.

KNIFFLIGE PASSAGEN UMKURVEN

Erste Regel in diesen Fällen: knifflige Passagen vermeiden. Sowohl bergauf wie bergab kommt man am sichersten voran, wenn man eine saubere Linie fährt, wie der Profi sagt. Das bedeutet in diesem Fall nicht Feigheit vor dem Feind,

sondern: Der Klügere gibt nach. Notfalls kurvt man in Schlangenlinien hinauf, um Wurzeln oder hervorragenden Steinkanten auszuweichen, falls es die Wegbreite erlaubt – dies erhöht gleichzeitig die Steigfähigkeit, weil man die Rampe nicht in der Fallinie erklimmt.

Denn in Steigungen braucht der Hürdensprinter viel Gefühl und genau getimten Körpereinsatz. Man rollt im kleinsten Gang an die Schwelle heran. Nun liftet man im Sitzen mit einem kräftigen Tritt ins Pedal aus der Ein-Uhr-Stellung und gleichzeitigem Zug am Lenker das Vorderrad auf die Kante. Kaum ist der Führungspneu oben, steht man auf und tritt kraftvoll, aber mit Gefühl ins Pedal, damit sich der Hinterreifen über das Hindernis beißen kann. Dabei darf man sich nicht zu weit nach vorne lehnen – das Antriebsrad braucht noch genügend Druck durch das Biker-Gewicht, sonst dreht es wirkungslos durch.

Simulieren Sie diese Technik im Übungs-Parcours, indem Sie ganz langsam an den Bordstein heranfahren, den Vorderpneu im Sitzen mit einem kurzen Ruck hochheben und dann mit dem gefühlvollen Antritt – fast aus dem Stand – über die Kunstkante klettern. Lehnen Sie den Oberkörper zur Probe einmal ganz nach vorne – schon ratschen die Stollen durch. Beim zweiten „Versuch" achten Sie darauf, daß sich ihre Hüfte noch oberhalb der Sattelkante befindet – und der Heckpneu greift ein. Je höher das Hindernis, desto mehr Gefühl für die

Mit Heckbelastung und gefühlvollem Antritt beißt sich das Hinterrad über die Kante.

Trial-Trick: Dicke Brocken auf schmalen Wegen nimmt man genau zwischen den Vorder- und Hinterradreifen.

Sichere Fahrt über Rinnen: das Vorderrad darüberlupfen und das Heck entlasten.

Arme lang machen, Po über das Hinterrad: So schippert man über steile Klippen.

Heckbelastung muß man entwickeln. Die Kletterkünste seines Ritzelflitzers kann man noch erhöhen, indem man den Luftdruck des hinteren Reifens erniedrigt.

Am besten übt man diese Bewegungsmuster wirklich am Randstein ein und beobachtet sie auch einmal ganz genau bei einem Freund, der versucht, sie so exakt wie möglich zu demonstrieren. Wenn die Entlastungstechnik richtig sitzt, absolviert man manche Hürden durchaus mit höherem Antrittstempo.

MIT DER ENTLASTUNGS-TECHNIK ÜBER DIE HÜRDE

Der Abstieg über Kanten und Steine läuft ebenfalls in zwei Phasen ab: Um das Vorderrad weich zu erden, verlagert man die Belastung in die Gegenrichtung — nach hinten. Die gebeugten Arme fangen als

Mit Weitblick vermeidet man gefährliche Kollisionen. Sondieren Sie den Weg fünf bis zehn Meter vor dem Vorderrad.

Fährt man über Kanten abwärts, reguliert hauptsächlich die Hinterbremse das Tempo, sonst kann leicht das Vorderrad blockieren.

Graben-Tiefe in etwa dem Reifenumfang, kann sich das Vorderrad einklemmen und blokkieren. Solch tiefe Reifenfallen muß man unbedingt schräg durchqueren.

Schock-Absorber den harten Landungsstoß auf. Der Po schwebt über dem Sattelrand, wenn das Heck die Kante passiert und das Hinterrad herunterfällt. So muß der hintere Pneu zuerst mal nur das Eigengewicht des Rades abdämpfen und ächzt nicht unter der Last des Reiters, falls der im Sattel kleben bleibt.

Die Geschwindigkeit hinunter dosiert man zu 90 Prozent über die Hinterradbremse. Ein gebremstes Vorderrad blockiert nämlich sehr leicht, wenn es über eine Stufe nach unten, womöglich noch auf weichen Boden, plumpst. Timing und Technik ist alles: Kippt das Bike über die Stufe, läßt man die Vorderbremse los, sonst hebt der Gaul die Hinterhand und wirft den Reiter nach vorne ab.

Aus diesem Grund bleibt bei steilen Kanten auch die

Gewichtsbelastung hinten: Der Biker macht die Arme ganz lang und thront auf den gebeugten Beinen über dem Hinterreifen als Ausgleichsgewicht für die Bike-Schaukel. Diese Hocke funktioniert gleichzeitig wie ein Stoßdämpfer und fängt die Schockbelastung des hinteren Pneus auf. Schiebt man zu früh die Hüfte wieder Richtung Vorbau, stellt sich das Bike auf die Vorderhufe, so daß als letzte Rettung nur der Bocksprung über den Lenker bleibt.

Tiefe Gräben, die im Gelände sehr selten vorkommen, erfordern eine Kombination aus diesen beiden Hindernis-Techniken. Zuerst rollt das Bike die Grabenkante hinab und anschließend sofort wieder hinauf. Der Belastungswechsel zurück und nach vorne erfolgt unmittelbar hintereinander. Vorsicht: Entspricht die

VORAUSSCHAUENDES FAHREN VERMEIDET KOLLISIONEN

Viele Einsteiger bauen sich bergab die größten Hemmschwellen auf. Dicke Brocken, Entwässerungsabläufe und Wurzeln bremsen des Bikers Hangabtrieb und verursachen zuweilen schweißnasse Hände. Die gefährlichen Klippen einfach zu umschiffen, ist hier die beste Hindernistechnik. Der Fun-Biker (Könnensstufe 4) findet diese sogenannte Ideallinie schon bei schnelleren Abfahrten. Der Aufsteiger übt die Fahrtechnik in gemäßigtem Tempo. Betreiben Sie Grundlagenforschung: Der Blick geht mindestens fünf Meter vor das Vorderrad und sondiert das Gelände genau. Mit sparsamen Lenkbewegungen und Gewichtsverlagerung rollt man um die Bremsklötze herum.

Doch aufgepaßt: Das Hinterrad beschreibt einen engeren Radius als das Vorderrad und holpert schon mal über Steine, die man vorne rechts oder links liegengelassen hat. Diesen Effekt kann man in Trialabfahrten auf schmalen Pfaden aber auch bewußt ausnützen. Man schlägt beim Umfahren des Hindernisses bei geringem Tempo den Lenker so stark ein, daß der vordere Pneu außen und der hintere innen an der Stolperstelle vorbei rollt. Auch diesen Trick übt man am besten im Trockenen auf Asphalt, indem man eine Dose oder einen Stein umkurvt. Dazu steuert man den Vorderpneu ganz eng an der Marke vorbei und lenkt kräftig ein – so nimmt man den Stolperstein unbeschadet genau zwischen die Räder. Ist die Konfrontation unausweichlich, fährt man die Klippe möglichst immer im stumpfen Winkel an. So verringert sich die Gefahr, daß die Stollen schräg abrutschen und der Reifen seine Führungskraft verliert. In der Ebene und im Downhill passiert man Rinnen, gröbere Brocken oder einzelne Wurzeln wie kleine Stufen: Man reißt das Vorderrad rechtzeitig in die Luft, vermeidet damit den Stein des Anstoßes und schont so Reifen und Felge. Bei der Landung muß der Lenker unbedingt gerade stehen, damit das Vorderrad nicht aus der Spur schlägt. Wie beim Ski-Downhill sollte die Luftfahrt so kurz und kontrolliert wie möglich bleiben.

Lässig und sicher sieht natürlich in der Abfahrt der Bunny Hop aus: Der Häschen-Sprung mit beiden Reifen kommt im Könnensstufen-System aber erst auf der fünften Stufe und erfordert etwas mehr Übung und Vertrautheit mit dem Bike. Doch bis zum Sport-Biker liegen jetzt nicht mehr viel Hindernisse auf dem Weg.

15

SO VERBESSERN SIE GEZIELT IHRE FAHRTECHNIK AN HINDERNISSEN

FEHLER	URSACHE	ABHILFE
Vorderrad kommt im Stehen nicht hoch.	Arme zu stark gestreckt. Oberkörper zu weit hinten.	Hüfte nach hinten schieben. Oberkörper über den Lenker beugen. Arme abwinkeln und ruckartig hochziehen.
Vorderrad kommt im Sitzen nicht hoch.	Antritt erfolgt nicht gleichzeitig mit dem Zug am Lenker.	Pedal auf Ein-Uhr-Stellung. Ganz langsam anfahren und kurz und kräftig antreten. Oberkörper nach hinten nehmen. Arme gestreckt halten. Kleinen Gang wählen. Gleichzeitig mit dem Antritt nach oben – hinten ziehen. Üben, das Pedal schnell zurückzustellen.
Hinterrad rutscht durch.	Zu wenig Belastung über dem Heck. Zu heftiger Antritt. Zu kleiner Gang.	Hüfte bewußt oberhalb des Sattels halten. Arme lang machen. Gefühlvoll ins Pedal treten. Größeren Gang wählen. Weniger Luftdruck im Hinterreifen.
Vorderrad blockiert beim Abwärtsfahren über eine Kante.	Vorderbremse zu stark angezogen. Zuviel Gewicht über dem Lenker. Zu geringes Tempo.	Vorderbremse nur mit einem Finger betätigen oder ganz loslassen. Arme vollständig strecken. Po hinter den Sattel über den Hinterreifen schieben. Tempo erhöhen, aber kontrolliert bleiben.
Vorderrad stößt gegen Hindernisse.	Blick geht nicht weit genug vor das Vorderrad. Lenker wird krampfhaft umklammert. Gewicht liegt zu stark auf Lenker und Vorderrad.	Terrain fünf bis zehn Meter vor dem Vorderrad genau beobachten. Tempo verringern. Auf den Pedalen stehen und mit Gewichtsverlagerung steuern. Lenker etwas lockerer halten.
Hinterrad stößt gegen Hindernisse.	Zu enger Kurvenradius. Hindernis wird zu knapp umfahren.	Lenker stark einschlagen und Hindernis zwischen die Reifen nehmen oder größere Kurve fahren.
Vorderrad rutscht beim Überfahren von Hindernissen ab.	Zu viel Druck auf dem Lenker. Vorderbremse zu stark angezogen. Hindernis wurde schräg angefahren.	Aus dem Sattel gehen. Gewichtsverlagerung nach hinten über die Sattelkante. Hindernisse im stumpfen Winkel anfahren oder Vorderrad darüberheben.

ABWÄRTS ÜBER STEILSTUFEN

16

Runter kommen sie alle — bloß wie? Der Respekt vor steilen Geländestufen in der Abfahrt zwingt viele Biker zum freiwilligen oder auch unfreiwilligen Abstieg. Hier steht, wie Sie beinahe stufenlos über eine Kante abwärts rollen.

Echte Biker gehen nicht zu Fuß. Und selbst Stufen oder Treppen nehmen sie lieber auf zwei Rädern als auf zwei Beinen. Dabei ist es für den Einsteiger nicht so sehr die tatsächliche Klippe, die den eventuellen Abstieg erzeugt, sondern vielmehr die innere Hemmschwelle. Doch mit den richtigen Tips und ein wenig Routine werden Sie bald auch halbmeterhohe Stufen bergab wie im Fluge meistern — ohne Schwellenangst. Eines der Anfangsprobleme liegt eindeutig in der kurzen Zeitspanne für den Stufensprung — in zwei bis drei Sekunden ist alles vorbei. In diesem kurzen Moment sind Aktion und Gefühl gleichermaßen gefragt: Der Körperschwerpunkt muß an die richtige Position wandern, und gleichzeitig soll man mit Fingerspitzengefühl bremsen. Beim Trialfahren liegt das Erfolgsrezept nämlich in der richtigen Mischung aus Gefühl, Technik und Timing. Gefühl bekommt man mit fortgeschrittener Praxis. Wir haben hier die Technik in ihre Komponenten zerlegt, so daß Sie Technik und Timing ganz leicht üben können.

MIT KOMPENSATION ÜBER DIE KANTE

Das ganze Geheimnis des perfekten Stufenfahrens liegt in der rechtzeitig angesetzten Ausgleichsbewegung, in anderen Sportarten als „Kompensation" bekannt: Man gleicht die Geländeformation durch die eigene Körperbewegung aus. Beim Skifahren beugt man die Knie, um Buckel zu schlucken — kippt das

Bike die Stufe hinunter, schiebt man den Körper weit nach hinten, damit das Rad den Reiter nicht wie ein störrischer Gaul nach vorne abwirft. So simpel es klingt — sogar am flachen Randstein kann

man diese Ausgleichstechnik üben, um später selbst halbmeterhohe Stufen mit einem überlegenen Lächeln hinunterzurollen. Auf einem Parkplatz, in einer Sackgasse ohne Verkehr oder auf einem Waldweg

Wer auf Nummer Sicher gehen will, checkt vorher mit seinem Bike die Gelände-Stufe ab. Wichtigste Frage: Setzt das Kettenblatt auch nicht auf, wenn das Vorderrad unten steht?

Steile Stufen immer schön langsam angehen. Im Stehen anfahren — die Kurbeln waagerecht. So bleiben die Pedale nicht an der Kante hängen. Beide Hände liegen an den Bremshebeln, um das Tempo exakt zu dosieren.

Wenn das Vorderrad die Stufe hinabrollt, schieben Sie die Hüfte zum Ausgleich hinter den Sattel. Der Po wandert weit zurück über das Hinterrad, die Arme sind fast vollständig gestreckt. An hohen Stufen wie dieser...

mit einer kleinen Stufe können Sie in Ruhe und ohne Ablenkung trainieren. Auf diese Weise er-fahren Sie bewußt jeden Zentimeter und konzentrieren sich ganz auf das Bike und sich.

Wie beim Hinauffahren auf eine Stufe beginnt die richtige Vorbereitung schon einige Meter vor der Schwelle. Dazu einige Tips, die Sie am Bordstein ausprobieren können, bevor Sie sich an höhere

Schwellen wagen: Fahren Sie im Stehen an. Wie beim schnellen Downhill-Ritt stehen die Pedale waagerecht, der Sattel klemmt leicht zwischen den Beinen. Damit steuern Sie den Geländegaul bei der Trial-Dressur schon mit dem leisesten Schenkeldruck. Außerdem bekommt man so den besseren Überblick über das Terrain hinter der Stufe. Jetzt steuern Sie im Schritttempo, beide Hände an den Bremshebeln, die Kante an. Am besten überqueren Sie die Stufe im 90-Grad-Winkel, denn dadurch bleibt das Risiko gering, mit dem Vorderreifen schräg abzurutschen. Auch an einer kleinen Kante von zehn Zentimetern können Sie sich das richtige Bewegungsmuster einprägen: Genau in dem Moment, wenn der Vorderreifen über die Kante rollt, schieben Sie den Körper als Ausgleichsgewicht nach hinten. Wie weit Sie nach hinten gehen, richtet sich nach der Höhe der Stufe. Wenn Sie sich am Anfang nicht trauen, den Po hinter den Sattel zu befördern, nehmen Sie einen Trick zu Hilfe: Strecken Sie die Arme aus und tun Sie so, als ob Sie sich auf den Gepäckträger setzen wollten. Dieses aktive Entlasten des Vorderrades, das gleichzeitig den Körperschwerpunkt über die Hinterachse bringt, ist der Knackpunkt der Stufen-Technik.

16

...liegt der Fahrer sogar kurzzeitig mit dem Bauch auf dem Sattel, der Po berührt fast den Reifen. Wichtig: Lockern Sie die vordere Bremse, wenn das Bike unten ankommt, damit das Vorderrad nicht blockiert. Wenn...

...das Hinterrad über die Kante rollt, wandert die Hüfte schon wieder leicht in Richtung Lenker. Ziehen Sie sich wieder nach vorn, indem Sie die Arme beugen. Vorsicht: Nicht am Sattel hängenbleiben. Beine und Arme des Fahrers wirken...

...beim Aufprall des Hinterrades als Stoßdämpfer und schonen Felgen und Rahmen. Durch Strecken der Beine und Beugen der Arme rutscht die Hüfte wieder über den Sattel. Im Stehen behalten Sie den Überblick und dirigieren das Bike leicht und lässig.

DIE KNIEBEUGE VERHINDERT DIE FLUGROLLE

Denn so bleibt der gemeinsame Schwerpunkt von Bike und Fahrer ausgewogen: Das Geländeroß hüpft mit dem Vorderrad hinab, der Reiter bildet das Gegengewicht, indem er hinter den Sattel rutscht. Bleibt man dagegen faul auf der Stelle sitzen, lupft das Bike möglicherweise die Hinterhand und beschert einen Freiflug. Also machen Sie lieber rechtzeitig eine Kniebeuge über dem Hinterrad als eine Rolle über den Lenker.

Kaum hat das Hinterrad die Kante passiert, ist die Gegenbewegung dran: Sie müssen das Bike wieder einholen. Strecken Sie die Beine und ziehen Sie sich am Lenker nach vorne, bis Sie wieder in normaler Fahrposition angelangt sind. Fahren Sie mehrmals über die Bordsteinkante und führen Sie dabei die Zurück-Vor-Bewegung ganz bewußt aus: vor der Kante nach hinten, hinter der Kante nach vorn. So kommt man sicher runter, und außerdem entlastet man, wie im leichten Trab, den Geländegaul: Beine und Arme wirken als Stoßdämpfer und schonen Felgen und Rahmen.

Wenn Sie dieses Bewegungsschema Ihrem Kopf und der Muskulatur eingeprägt haben, stehen größere Aufgaben an. Ganz wichtig: höhere Geländeabsätze oder Felsstufen immer in ruhigem Tempo angehen. Wenn Sie zu jedem Zeitpunkt der Trialübung die absolute Kontrolle über Ihr Gefährt besitzen, bleiben die Hände trocken und der Blutdruck unten.

DIE VORDERBREMSE BRAUCHT GEFÜHL

Fahren Sie wieder im Stehen und in einer relativ kleinen Übersetzung an. Genau wie beim normalen Bergabfahren kontrolliert man das Tempo des Bikes mit Vorder- und Hinterradbremse gleichzeitig. Aber denken Sie daran: Die vordere Canti-Zange besitzt die weitaus stärkere Wirkung. Sie sollten daher die Vorderradbremse sehr sensibel dosieren, damit das Rad beim Aufsetzen auf den Boden der Stufe nicht blockiert. Die Hinterradbremse können Sie in der Steilstufe ruhig voll anziehen. Wenn das Hinterrad über den Boden schleift, macht das gar nichts aus — es rutscht ohnehin in der Fallinie dem vorderen Pneu nach.

Darauf müssen Sie an hohen Stufen besonders achten:

● Kommt das Vorderrad unten an, lockern Sie dessen Bremse — durch den Aufprall und den Druck von oben könnte es sonst leicht blockieren.

● Aufgepaßt: Versteckt sich eine Rinne nach dem Absatz oder fahren Sie durch Sand? Durch den Graben oder in weichem Untergrund muß das Vorderrad erstens gerade und zweitens ungebremst rollen. Ein nasser, schwerer oder lockerer Boden hemmt den Vorderreifen zusätzlich — lassen Sie die Vorderradbremse deshalb ganz los.

● Je höher die Kante, desto ausgeprägter die Ausgleichsbewegung. Ihr Po berührt dabei fast den Reifen — als ob Sie sich auf den Gepäckträger setzen.

● An extremen Gefällen nimmt sogar der Bauchnabel Kontakt mit dem Sattel auf. Die Arme sind vollständig gestreckt. Passen Sie jedoch auf, daß Sie beim anschließenden Nach-vorne-Gehen aus dieser Stellung nicht am Sattel hängenbleiben.

Die Fallhöhe für ein Mountain Bike limitiert beim Langsamfahren nur das Kettenblatt. Setzen die vorderen Zahnräder auf, ist der Stufen-Spaß meist abrupt beendet. Doch Könner lassen sich auch von meterhohen Kanten nicht abschrecken. Wenn das Terrain darunter genügend Auslauf läßt, nimmt man das Hindernis eben im Flug. Dazu sollte man im Bunny Hop (siehe Seite 96) schon recht fit sein oder zumindest die Technik raushaben, wie man die Füße so in den Pedalen verkeilt, daß man den Stollenhopser an den Beinen hochliften kann.

Nochmal die Kurzfassung: Die Kurbeln stehen waagerecht, beide Füße üben Druck auf die leicht schräggedrehten Pedale aus. Dazu drückt man mit den Armen über den Lenker den Körper sozusagen in das Bike. Durch diese Spannung werden Mensch und Maschine eine Einheit. Federt man kurz vor dem Absprung kurz und kräftig in den Knien ein, nützt man gleichzeitig den Rückpralleffekt der dicken Knubbelreifen und die Energie, mit der man den Body nach oben katapultiert.

Bei einem Sprung über eine Kante nach unten ist der Absprung nicht so wichtig wie die Landung. Um mensch- und materialschonend wieder den Boden der Tatsachen zu berühren, sollten Sie Folgendes beachten:

● Ziehen Sie das Bike am Lenker ein wenig hoch, so daß beide Reifen zugleich oder zuerst das Hinterrad landet.

● Optimal: wenn der Überflie-

ger auf den zwei Rädern gleichzeitig aufkommt. So verteilt sich die Energie am besten, man nutzt die doppelte Dämpferwirkung durch beide Reifen, und die starken Aufprall-Kräfte gehen zu gleichen Teilen auf Hinterbau und Gabel.

● Wie beim Stufenfahren befindet sich das Körpergewicht im Flug zum Teil hinter dem Sattel. Auch dadurch schont man bei der Landung die Gabel. Zudem hat dies den Vorteil, daß Sie ein leicht eingelenktes Vorderrad besser korrigieren können, weil weniger Druck darauf lastet. Jetzt liegt es also ganz bei Ihnen, ob Sie Geländestufen im Schrittempo auskosten oder Absätze als Überflieger meistern.

Könner meistern mit dem Mountain Bike selbst extreme Steilstücke.

Wer's im Kopf schafft, bringt's auch im Gelände:
Gelingt der Bunny Hop erst mal beim mentalen Training,
ist es nicht mehr weit zum Höhenflug in Wirklichkeit.

Der Bunny Hop ist ein wichtiges Manöver für jeden Biker, doch die meisten bekommen einfach das Hinterrad nicht hoch. Will man einen bestimmten Bewegungsablauf trainieren und bleibt immer wieder an der gleichen Stelle hängen, hilft planloses Üben überhaupt nicht mehr. Dazu gibt es in der Sportpsychologie die Methode des mentalen Trainings, die Professor Hans Eberspächer entwickelte. Diese Trainingsmethode erfordert zwar ein wenig Vorbereitung und Mitdenken, aber dafür wird man auch mit einem optimalen Ergebnis belohnt. Spitzensportler können ihre einmal ausgereizte Leistung nur noch mit mentalem Training steigern ein absolut erlaubtes Eigendoping, das auch Otto Normalsportler unbesorgt verwenden kann.

Wenn nämlich Gefühl und Intuition nicht mehr reichen, hilft nur noch System beim Üben: Der Sprungschüler muß seinem

Körper erst einmal die Grundbewegung des Springens klarmachen – ganz ohne Bike. Für den geistigen Häschen-Sprung hüpft der Senkrechtstarter ein paar Mal einfach aus dem Stand nach oben. Dabei beobachtet man sich sozusagen selbst von außen: Sie beugen Ihre Knie und spannen die Oberschenkel schnell und kräftig an, um die Knie mit Schwung zu strecken.

Die Beobachtung dabei: Holt der Pilot nur wenig Schwung, kommt er nicht hoch. Geht er zu tief in die Hocke, reicht die Kraft nicht mehr für einen schnellen, aktiven Abstoß. Jetzt variiert der Flugschüler seine Sprünge aus dem Stand

so lange, bis er die optimale Ausholbewegung für die beste Vorspannung der Beine und den richtigen Schwung gefunden hat. Möchte der Freiflieger noch mehr Beinfreiheit gewinnen, muß er in der Luft noch die Füße anziehen.

Damit hat der Bunny Hopper in spe das Prinzip der meisten Sprungbewegungen erkannt: Ausholbewegung (Beine beugen), schnell-kräftiger Abdruck (Beine strecken), Höhengewinn (Beine wieder beugen). Jetzt kann er nach diesen Prinzipien erst einmal üben, Vorder- und Hinterrad getrennt vom Boden hochzuheben. Er macht sich dafür einen detaillierten Bewegungsplan. Darin

… meine Hand- und Ellenbogengelenke und meine Fuß- und Kniegelenke sind locker. Ich beuge mich so weit vor, daß ich meinen Steuersatz von vorne sehen kann.

werden nicht nur die äußerlich sichtbaren, sondern auch die inneren Wahrnehmungen festgehalten.

DER FRONT-LIFT

So schaut das Hochziehen des Vorderrades in einem persönlichen Bewegungsplan aus: „Ich rolle langsam über den sandigen Boden des Parkplatzes. Ich höre, wie die Reifenstollen durch den Sand walken, fühle,

So lautet die Vorbereitung auf den Bunny Hop im persönlichen Bewegungsplan: Ich stehe aus dem Sattel auf, meine Knie und Arme sind leicht gebeugt …

heben das Vorderrad durch aktives Beugen der Arme noch ein Stückchen weiter vom Boden weg. Er ergänzt seinen Plan: „... Kurz bevor sie ganz gestreckt sind, beuge ich meine Arme und reiße dadurch das Vorderrad schnell und kräftig in die Höhe…"

DER BACK-LIFT

Der Front-Lift ist geschafft. Nun kommt das gleiche Spielchen für das Hinterrad. Hier der Bewegungsplan für den Back-Lift:
„Ich rolle langsam über den sandigen Boden des Parkplatzes. Ich höre, wie die Reifenstollen durch den Sand walken, fühle, wie meine Finger fest und sicher die weichen Lenkergummis umschließen. Ich stehe aus dem Sattel auf, meine Knie und Arme sind leicht gebeugt, meine Hand-, Ellenbogen- und Kniegelenke sind leicht gespannt. Die Kurbeln stehen waagerecht. Ich beuge mich so weit vor, bis ich meinen Steuersatz von vorne sehen kann. Jetzt strecke ich meine Fußgelenke, so daß die Zehen nach unten zeigen. Ich presse meine Füße mit deutlichem Druck nach hinten gegen die Pedale. Die Hände drücke ich fest nach vorne gegen den Lenker, um mich im Bike zu verspannen. Ich konzentriere mich auf mein Hinterrad, beuge meine Knie und strecke sie schnell und kräftig. Kurz bevor sie ganz gestreckt sind, spanne ich meine Beinmuskulatur an, stoppe damit die Streckbewegung der Knie und ziehe mit Druck auf die Pedale das Hin-

Ich konzentriere mich auf mein Vorderrad, beuge meine Arme und strecke sie schnell und kräftig. Kurz bevor sie gestreckt sind, spanne ich die Armmuskulatur.

wie meine Finger sicher die weichen Lenkergummis umschließen. Ich stehe aus dem Sattel auf, meine Knie und Arme sind leicht gebeugt. Meine Hand- und Ellenbogengelenke und meine Fuß- und Kniegelenke sind locker. Ich konzentriere mich auf mein Vorderrad, beuge meine Arme und strecke sie schnell und kräftig. Kurz bevor sie ganz gestreckt sind, spanne ich meine Armmuskulatur, stoppe damit das Strecken der Arme und ziehe dadurch das Vorderrad in die Luft. Jetzt löse ich die Spannung in meinen Armen und federe mit lockeren Hand- und Ellenbogengelenken die Landung ab."
Diese Übung erleichtert sich der Überflieger noch, wenn er sein Gewicht hinter den Sattel über das Hinterrad verlagert.

Mit zunehmender Sicherheit beim Front-Lift schiebt er aber den Oberkörper immer weiter über den Lenker. Dadurch kann er das Hinterrad besser für den anschließenden Back-Lift entlasten. Übungsziel ist der Front-Lift mit Vorlage. „Die nötige Vorlage für den späteren Bunny Hop hast Du, wenn Du Dich so weit vorbeugst, daß Du Deinen Steuersatz von vorne sehen kannst."
Also ergänzt man seinen Bewegungsplan: „...Meine Fuß- und Kniegelenke sind locker. Ich beuge mich so weit vor, bis ich meinen Steuersatz von vorne sehen kann. Ich konzentriere mich auf mein Vorderrad…" Der Front-Lift mit Vorlage ist nun geschafft. Der ambitionierte Bunny-Hop-Schüler will gleich noch etwas höher hinaus und reißt nach dem Ab-

terrad in die Höhe. Bei der Landung gebe ich dem Aufprall des Hinterrades mit weichen Kniegelenken nach." Zunächst wird das Hinterrad nur kleine Hopser vollbringen, aber Sie gewinnen schnell mehr Sicherheit und heben das Heck immer leichter und schneller nach oben. Um noch mehr Höhe zu erreichen, zieht man das Hinterrad, kaum daß es in der Luft ist, durch erneutes Beugen der Knie aktiv noch ein Stück nach oben. Jetzt ergänzen Sie den Bewegungsplan für den Back-Lift: „...Kurz bevor sie ganz gestreckt sind, beuge ich meine Knie schnell und kräftig und ziehe mit Druck auf die Pedale das Hinterrad noch weiter hoch."

den echten Bunny Hop zu schaffen.
Erstellen Sie sich einen detaillierten Bewegungsplan für die Gesamtbewegung. Sie bauen dabei am besten auf Ihre Übungserfahrung mit dem Front- und Back-Lift, schauen

Hop, um eine möglichst genaue Vorstellung davon zu erhalten. Analysieren Sie dann die Bilder und Fotos und achten auf jedes Detail des abgebildeten Bikers. Beobachten Sie, wie sich die Winkel in den Arm- und Kniegelenken in je-

Ich konzentriere mich auf mein Hinterrad, beuge meine Knie und strecke sie kurz und kräftig. Kurz bevor sie gestreckt sind, spanne ich meine Beinmuskulatur an ...

Der Back-Lift: „... ich beuge mich so weit vor, daß ich meinen Steuersatz von vorne sehe. Jetzt strecke ich die Fußgelenke, so daß die Zehen nach unten zeigen.

der Phase verändern, wie das Gewicht beim Sprung verlagert wird und wie Arme und Beine bei der Landung aussehen. Nach dieser Fleißarbeit geht's zur nächsten Stufe: dem Bewegungsplan.
Bei der Aufzeichnung des Bewegungsplans sollte man folgende Regeln beachten:
● Um die Effektivität des mentalen Trainings zu steigern, schreibt man den Bewegungsplan aus der persönlichen Sichtweise am besten in der Ich-Form auf.
● Die Bewegung sollte möglichst mit eigenen Worten beschrieben werden. Wer eigene Ausdrücke benutzt, weiß am besten, was damit gemeint ist.
● Der „Casablanca-Effekt" (das Hineindenken und Mit-

DER SECHS-TAGE-PLAN

Um das mentale Training optimal umzusetzen, stellt man sich einen Sechs-Tage-Plan auf. Beim Training ist auf jedes Detail zu achten, um die optimalen Voraussetzungen für

sich in Standbild-Sequenzen auf dem Video die Hops von Hansjörg Rey an, studieren die Bildreihen vom Bunny Hop im bike Magazin (Heft 6/93) – kurz, sammeln Sie soviel Material wie möglich zum Bunny

... stoppe damit die Streckbewegung der Knie und
ziehe mit Druck auf die
Pedale das Hinterrad in die
Höhe. Um noch höher zu
kommen, beuge ich aktiv die
Knie.

fühlen) kommt nur zum Tragen, wenn auch Empfindun-
gen wie Spannungsgefühle,
Druck, Geräusche und andere Sinneswahrnehmungen
den Bunny Hop so erlebnis-
reich wie möglich nachzeich-
nen.

● Wichtig ist nicht nur, was
man tut, sondern wie man
Bewegungen ausführt.

Bei der Landung gebe ich dem Aufprall des Hinterrads mit weichen Kniegelenken
nach." Diesen Bewegungsplan stellt man am besten für sich selbst auf.

SO FUNKTIONIERT DIE PROGRESSIVE MUSKELENTSPANNUNG

1. Man setzt sich aufs Bett,
schließt die Augen und
lockert die Schulter- und
Nackenmuskeln. Anschlie-
ßend wird der Kopf viermal
rechtsherum und viermal
linksherum gerollt.
2. Dann legt man sich zurück
und hebt das rechte Bein
etwa 40 Zentimeter, spannt
die Muskeln ganz stark an,
bis das Bein steif wird und
ermüdet. Während das Bein
erhoben bleibt, verfolgt man
mit geschlossenen Augen
in der Vorstellung den Verlauf der Muskeln von den
Zehen bis hinauf zur Hüfte.
Wenn nach drei bis vier Mi-

nuten das Bein völlig ermüdet
ist, läßt man es locker herab-
fallen. Dann wiederholt man
diese Übung mit dem linken
Bein.
3. Man hebt den rechten Arm
mit geballter Faust schräg nach
oben. Alle Muskeln bis aufs
äußerste anspannen. Die Gedanken folgen dem Verlauf der
Muskelpartien von den Fingerspitzen bis zu Nacken und
Schulter. Dieser Gedankenweg
wird so lange wiederholt, bis
der Arm ermüdet ist. Man läßt
den Arm dann plötzlich zurück-
fallen. Die gleiche Übung mit
dem linken Arm durchführen.
4. Man stellt sich mit geschlos-

senen Augen einen Kreis an
der Zimmerdecke vor, der einen Durchmesser von etwa
einem Meter hat. Die Augen
folgen in Gedanken diesem
Kreis viermal rechts- und
viermal linksherum.
5. Genauso stellt man sich
ein Quadrat mit einem Meter
Seitenlänge vor, dem die
Augen auf die gleiche Weise
viermal rechts- und vier-
mal linksherum folgen. Diese
und weitere ausführliche
Anleitungen stehen in dem
Buch: „Entspannungsmetho-
den in der Rehabilitation",
E. Müller, perimed-Fach-
buch, Erlangen.

1. TAG

So lautet beispielsweise ein detaillierter Bewegungsplan: „Ich rolle langsam über den sandigen Boden des Parkplatzes. Ich höre, wie die Reifenstollen durch den Sand walken, fühle, wie meine Finger sicher die weichen Lenkergummis umschließen. Ich stehe aus dem Sattel auf, meine Hand-, Ellenbogen- und Kniegelenke sind leicht gespannt. Die Kurbeln stehen waagerecht. Ich beuge mich so weit vor, daß ich meinen Steuersatz sehen kann. Jetzt strecke ich meine Fußgelenke, so daß die Zehen nach unten zeigen. Mit deutlichem Druck an den Fußsohlen presse ich die Füße nach hinten gegen die Pedale.

Gleichzeitig beuge ich Arme und Beine, wobei ich mich mit Brust und Hüfte nach unten bewege. Mit verstärktem Rückwärtsdruck gegen die Pedale drücke ich mich ab, indem ich Arme und Beine schnell und kräftig strecke, wodurch meine Brust und Hüfte hochschnellen. Während ich im Aufschwung Arme und Beine aktiv beuge, um noch mehr Höhe zu gewinnen, strecke ich die Arme vor und drücke das Bike unter mir weit nach vorne. Im Abschwung lockere ich die Arm- und Beinmuskulatur, um die Landung des Bikes weich abzufedern."

2. TAG

Der Bewegungsplan für den Bunny Hop steht. Nun kommt es darauf an, den Plan möglichst intensiv zu lernen, damit es bei der Vorführung des Bunny Hop keinen Filmriß gibt. Nach einer Entspannungsübung (s. S. 115) liest der Flugschüler mehrmals laut den Bewegungsplan. Dabei stellt er sich vor, er selbst würde in diesem Moment mit Zeitlupengeschwindigkeit die Bewegung ausführen. Ziel dieser Übung: Den Bewegungsplan soweit zu verinnerlichen, daß man die Bewegung fehlerlos wiederholen kann, ohne auf die Vorlage zu schauen.

3. TAG

Sie wiederholen zunächst die Übung vom Vortag und probieren aus, ob Sie den Bewegungsplan noch fehlerlos wiederholen können. Nun gliedern Sie die Bewegung in mehrere kurze Sequenzen. Jede Sequenz erhält eine eigene Überschrift, die auf die wichtigste Bewegung in diesem Kapitel hinweist. Zum Beispiel notiert man sich: Anrollen für die Ausgangssituation und das Stehen in den waagerechten Pedalen. Schultern vor, Füße strecken für das Vorbeugen des Oberkörpers und das Strecken der Fußgelenke mit dem rückwärts gerichteten Druck auf die Pedale.

Tiefgehen für die Ausholbewegung, das Beugen der Arme und Beine.

Abdrücken, Hochziehen, Vorschieben für die schnell-kräftige Streckung von Armen und Beinen sowie den erhöhten Druck auf die Pedale, für das aktive Anziehen von Armen und Beinen, um nach dem Abheben noch mehr Höhe zu gewinnen und für die Streckbewegung der Arme, um das Bike unter dem Körper weit nach vorne zu schieben. Nachgeben für die weiche Landung, wobei die Arme und Beine das harte Aufsetzen des Bikes abfedern.

4. TAG

Lernen Sie nun den Bewegungsplan anhand der Kartei-Überschriften auswendig. Dabei sprechen Sie nur die Über-

Hier noch einmal der Ablauf: Hochreißen des Vorderrades, dann mit ...

schrift, lassen aber in Ihrer Vorstellung die gesamte Bewegung detailliert im Zeitlupentempo ablaufen. Wenn das gelingt, beginnt man wieder mit der Entspannungsübung und stellt sich nun vor, man würde mehrmals den Bunny Hop ausführen, und spricht gleichzeitig laut die selbstgewählten Überschriften mit.

116

17

Im Vergleich zum zeitlichen Ablauf beim echten Bunny Hop dauert der Mental-Hopser jedoch noch viel zu lange. Deshalb müssen Sie nun Ihre Überschriften in kurze Schlagworte übertragen:

● Anrollen für die Ausgangssituation.

● Vor für das Vorbeugen des Oberkörpers und das Strecken der Fußgelenke mit dem Druck auf die Pedale.

● Tief für das Schwungholen.

● Ab-vor für das schnell-kräftige Abdrücken, das Hochziehen von Armen und Beinen sowie das Vorschieben des Bikes.

5. TAG

Um sicher zu sein, daß von dem ursprünglichen Bewegungsplan nichts verlorengegangen ist, prüft man, ob zu jedem Schlagwort noch alle Bewegungsdetails im Kopf sind. Prägen Sie sich die Schlagworte ein und üben dann nach der Entspannungsübung wie am Tag zuvor. So sehen Sie sich im Film als Hauptdarsteller den Bunny Hop springen, während Sie die Schlagworte laut und deutlich mitsprechen. Da die Beschreibung durch die Schlagworte sehr kurz geworden ist, muß man sich stark konzentrieren, um nicht die Details der Bewegung zu vergessen. Wenn Sie sicher sind, daß Sie Ihren geistigen Häschen-Sprung fehlerfrei durchspielen können, bauen Sie in die ganze Bewegung noch den richtigen Rhythmus ein. Die Sequenzen Anrollen und Schultern vor/Fußgelenke strecken kann man zeitlich frei gestalten. Sie dauern meistens etwas länger. Die Ausholbewegung mit dem anschließenden Abdruck ist dagegen schnell-kräftig und explosiv auszuführen, während die Dämpfung der Landung wieder etwas länger dauern kann.

Der Rhythmus sieht dann etwa so aus: anrollen/vor (…laaaang…), tief/ab-vor (…kurz/kurz…), nachgeben (–laaaang…).

6. TAG

Es ist geschafft. Heute wird aus dem Mental-Sprung ein Real-Hop. Schwingen Sie sich aufs Bike und radeln zu Ihrem Übungsplatz. Bevor Sie nun zum Sprung ansetzen, schließen Sie Ihre Augen, spielen den Mental-Hop im Kopf noch einmal vor und sprechen dazu die Schlagworte im richtigen Rhythmus (lang, kurz, kurz, lang).

Und wieder rollt der Bunny Hopper über den sandigen Boden des Parkplatzes. Er hört, wie die Reifenstollen durch den Sand walken und spürt, wie aus dem alten Bike-Klepper ein springlebendiges Dressur-Pferd geworden ist. Der Hindernis-Parcours aus dicken Ästen hat seine Schrecken verloren. Aus den chaotischen Sprungversuchen ist ein genauer Plan für den wohldosierten Sprung geworden.

… Druck auf den Pedalen das Hinterrad hochziehen. Durch starkes Beugen …

… der Knie kommt das Heck höher, der Po schwebt hinter den Stattel.

Bei der Landung Gelenke locker lassen, um den Aufprall abzudämpfen.

18 BABY HOP – DER SPRUNG

Hier ist der Seitensprung was Ehrenhaftes: Kleine seitliche Hopser aus dem Stand helfen oft, in kniffligen Offroad-Situationen auf den Pedalen zu bleiben, wo andere Biker absteigen müssen. Hier sind alle Tricks für gelungene Seitensprünge. Der Witz: Man kann die Baby Hops sogar in der Garage üben.

AUS DEM STAND

Hobby-Biker Andreas schiebt mal wieder den Frust. Beim letzten gemeinsamen Trip mit seinem Freund Karsten auf anspruchsvollen Single-Trails mußte er ständig absteigen. Einmal blieb er an einer Wurzel hängen, dann wieder blokkierte ein dicker Stein den Weg. Und als er knapp hinter Karsten bremsen mußte, fiel er fast auf die Nase, weil er die Füße nicht aus den Haken bekam. Karsten dagegen blieb kurz stehen, hüpfte lässig zur Seite und sogar ein wenig zurück, um dann wieder von neuem anzutreten.

Es nervt schon ganz schön, wenn man sich im Gelände immer wieder selber ausbremst und absteigen muß. Mit dem seitlichen Versetzen des Bikes schafft man sich dagegen eine neue Ausgangsposition und muß nicht einmal aus den Haken schlüpfen. Das Schönste: Seitensprünge mit dem Mountain Bike bleiben ohne unangenehme Folgen. Natürlich gehören Übung und Gleichgewichtsgefühl zu diesem nützlichen Trial-Trick, aber wer ihn beherrscht, genießt das unvergleichliche Erfolgserlebnis, fast nie mehr absteigen zu müssen.

Erste Voraussetzung für die Technik des seitlichen Versetzens sind Stand- und Balanceübungen, wie sie auf Seite 76 erklärt sind: Aus langsamem Tempo bremst man und tritt dabei leicht weiter, bis das Bike steht. Verliert man die Balance, fährt man ganz kurz an und kann schon fünf Zentimeter später erneut das Gleichgewicht ertasten. Um den Stand zu stabilisieren, schlägt man den Lenker mehr oder weniger stark ein. Bei allen Stand-Übungen sollten die Pedale waagerecht stehen. Wir haben festgestellt, daß viele Biker eine Schokoladenseite besitzen: Welches Pedal am besten nach vorne zeigt, findet man durch Ausprobieren heraus. Zeige- und Mittelfinger liegen im Stand immer an den Bremsen. Man kann im Sitzen oder im Stehen balancieren; Sprünge funktionieren jedoch nur, wenn man auf den Pedalen steht.

ZUM HOPSEN IN DIE KNIE GEHEN

Zweite Voraussetzung sind Grundkenntnisse der Technik für den Bunny Hop. Beim Häschen-Sprung verkeilt sich der Körper am Bike zwischen den Pedalen und dem Lenker. Die Fußstellung gleicht dabei der eines Sprinters im Startblock. Man preßt die Fußsohlen energisch gegen die schräggestellten Pedale. Die Beinmuskulatur spannt man an, als ob man losspurten wollte. Gleichzeitig drücken sich die Arme fast gestreckt gegen den Lenker. Durch diese Spannung werden Bike und Fahrer zu einer Einheit. Allein durch den Druck auf die Pedale klebt einem das Rad geradezu an den Füßen, zum Springen braucht man nicht einmal die Pedalhaken. Zum Abheben nutzt man die Rückstellkraft der dicken Knubbelreifen und die Sprungkraft der eigenen Beine. Drückt man blitzschnell den Lenker und die Pedale gleichzeitig nach unten, komprimiert man für einen Moment die Reifen wie Stoßdämpfer. Geht man gleichzeitig in die Knie und zieht sofort wieder die Beine an, während die Arme den Lenker nach oben nehmen, liftet man seinen Stollenhopser locker vom Boden. Diese Technik funktioniert sowohl im Fahren als auch im Stehen. Sprünge aus dem Stand heißen bei den Trickfahrern Baby Hop. Im Gegensatz zum Bunny Hop schiebt man beim Baby Hop den Lenker nicht nach vorne, um Flughöhe zu gewinnen, sondern bleibt mit dem Körperschwerpunkt über der Mitte und hebt senkrecht ab.

Mit diesen Baby Hops beginnt der Seitensprung. Dazu verlagert man den Schwerpunkt, der normalerweise auf der Verbindungslinie zwischen Vorder- und Hinterrad liegt, nach außen. Man kippt den eigenen Körper während der Absprungphase ganz leicht nach einer Seite, indem man die Hüfte vorschiebt. Rechtshänder bevorzugen normalerweise die rechte Seite. Damit bringt man sich zunächst gezielt aus dem Gleichgewicht und springt mit dem Bike der Balance sozusagen hinterher. Einfacher fällt es dabei zunächst, nur das Vorderrad zu versetzen. Aus der beschriebenen Balancestellung, in die Pedale verkeilt, reißt man den Lenker schräg nach oben. Wenn man nur mit dem Zeigefinger die Bremse zieht, hat man mit den restlichen vier Fingern den Lenker besser im Griff. Nach einer kurzen Übungsphase, die man am besten auf einem leeren Parkplatz oder einer ruhigen Sackstraße absolviert, zirkelt man mit zehn bis zwanzig Vorderrad-Hopsern einen ganzen Kreis ums Hinterrad.

So funktioniert der Absprung: Man drückt das Bike blitzschnell nach unten, während man den Körper in Sprungrichtung kippt.

18

Für das seitliche Hüpfen mit beiden Rädern gleichzeitig muß man den Oberkörper wieder zurücknehmen, so daß der Schwerpunkt etwa über dem Tretlager liegt. Sonst bekommt man Probleme, das Vorderrad zu lupfen. Diese Side Hops erfordern volle Konzentration auf die Spannung in den Armen und Beinen – denn beide Räder sollten auf einmal abheben und auch zur gleichen Zeit wieder landen. Anfangs werden nur kleine Hüpfer gelingen, doch mit wachsender Erfahrung steigen Flughöhe und Weite. Zur Übung steht man parallel zum Bordstein und versucht, mit beiden Reifen hinunterzuspringen. Wenn Sie merken, daß das Hinterrad zu spät oder zu kurz nachkommt, üben Sie nochmals das Hochziehen des Hinterrads im Stand, um die Kontrolle zu verbessern. Meistens hüpft man nicht nur einmal, sondern hängt an den ersten Side Hop gleich noch mehrere Hopser an. So findet man die Balance schneller wieder.

Bei der ersten Geländeprobe muß man das Terrain sondieren. Seitliche Sprünge im Gelände sind schwieriger als auf Asphalt. Man muß aufpassen, daß man beim Absprung nicht an Wurzeln oder Steinen hängenbleibt. Außerdem federn auf weichem oder matschigem Untergrund die Reifen schlechter zurück, man kommt nicht so schnell hoch wie von hartem Boden. Manchmal hilft es schon, ein wenig Luft aus dem Reifen zu lassen. So greift er besser und federt weicher ein beim Abstoß.

Natürlich kann man auch das Hinterrad einzeln versetzen. Dafür verlagert man das Körpergewicht weiter nach vorne, Kopf und Oberkörper befinden sich etwa über Lenker und Vorbau. Mit angezogenen Bremsen schwenkt man nun das Becken zur Seite und lupft das Hinterrad. Dazu braucht man viel Gefühl in den Beinen. Wenn man nur mit Kraft die Füße in die Pedale stemmt, genügt das nicht. Der vordere Schuh kann fast waagerecht stehen, sehr wichtig ist die hintere Fußstellung. Wer das Hinterrad nicht hochbringt, versucht am besten, den Fuß geradezu um das Pedal zu wickeln. Diese Vorstellung hilft, um den Kontakt mit dem Bike so eng wie möglich zu halten.

Nur über diese Hebel – Beine und Kurbeln – kann man das Rad bewegen.

ERFOLGSKONTROLLE AUF DER STRASSENMARKIERUNG

Zur Erfolgskontrolle übt man das Versetzen des Hecks an einer Straßenmarkierung oder, wenn man sich sicherer fühlt, am Randstein. Zunächst lupft man das Hinterrad seitlich vom Bordstein nach unten und holt das Vorderrad nach. Noch ein Tip: Beim Versetzen des Hinterrades sollte das Vorderrad schon in die Richtung eingeschlagen sein, in der danach das Hinterrad steht. Also links einschlagen, wenn ich hinten nach rechts versetze, und umgekehrt.

19

TECHNIK FÜR

STEILE SERPENTINEN

Hier treiben es die Cracks auf die Spitze: Sie schlagen Haken, driften im Powerslide und üben den Nose-Wheelie in der Kehre. Steile Serpentinen sind die Spielwiese der höchsten Könnensstufe im Gelände. Mit diesen Tips und Tricks wird auch dem Sport-Biker bald die Wende-Politik gelingen.

Ulf Bach, Chemie-Ingenieur, ist sauer. Wieder mußte er auf seiner Hausstrecke an einer steilen Serpentine absteigen. „Das gibt's doch nicht, das letzte Mal habe ich die Stelle noch geschafft", hadert der sportliche Biker mit sich selbst. Haarnadel-Kurven in steilen Hängen stellen eine der Reife-Prüfungen beim Offroad-Biken dar. Selbst wenn man wie Ulf, der schon zwei Jahre in die kantigen Pedale tritt und in seiner Freizeit viel Sport treibt, auch in schwierigem Gelände sicher fährt, bringen einen die abfallenden Spitzkehren immer wieder in Verlegenheit.

Konzentration. Auf die technischen Anforderungen kann man sich mit unserer Offroad-Schule vorbereiten, so fällt die Konzentration auf die Schlangen-Beschwörung leichter.

IN SERPENTINEN BRAUCHT MAN BALANCE

Serpentinen zu fahren ist wie Jonglieren – zwei schwierige Übungen treten zusammen als „Duo fatal" auf: eine steile Abfahrt, die man mit blockiertem Hinterrad und extremer Gewichtsverlagerung über den Heckpneu absolviert, und – als zusätzliche Erschwernis – eine sehr enge Kurve, die

im Biker-Alltag selten vor – außer man wendet auf einem schmalen Feldweg, weil man sich verfahren hat. Und da merkt man schon, wo der Haken liegt: Bei stark einge-

Schon kurz vor dem Eingang der Serpentine legt man sich nach innen. Außen anfahren und im Scheitelpunkt...

...der Serpentine nach innen ziehen. So hat das Hinterrad genügend Raum, um durch die Spitzkehre...

...zu rollen. Der Körperschwerpunkt liegt möglichst weit innen, um die Kurve so eng wie möglich zu...

„Es kommt auf die Tagesform an", meint der Chemie-Ingenieur, „weil ich an manchen Tagen genau die gleichen Stellen schon geschafft habe. Es ist immer wieder eine Überwindung, ganz steile Serpentinenstücke zu fahren. Wenn ich voll konzentriert bin, dann packe ich das auch." An diesen Herausforderungen ist die Technik genauso gefragt wie

höchste Balance- und Steuerkünste erfordert. Dicke Technik-Brocken zerlegt man am besten in leichtverdauliche Häppchen – so bekommt das Offroad-Picknick besser. Also nimmt man die beiden Gänge des Serpentinen-Menüs getrennt zu sich, um dann zum Dessert locker die Kurve zu kriegen.
Spitzwinklige Bögen kommen

...kratzen. Das Knie kann man als zusätzliche Hilfe noch nach innen legen.

schlagener Lenkstange und sehr geringem Tempo neigt das Bike dazu, abzukippen oder mit eingeschlagenem Vorderrad stehenzubleiben – schon sucht der Biker-Fuß unfreiwillig Bodenkontakt. Der Wendekreis eines Bikes ist theoretisch so klein wie der Radstand – allerdings schafft man diesen Minimal-Radius nur mit ein wenig Balancegefühl, weil das Rad beim Zirkeln ganz aufrecht bleiben muß. Das Vorderrad schlägt man 90 Grad zum Oberrohr ein, das Hinterrad bleibt auf der Stelle stehen und markiert den Mittelpunkt des Wendekreises. Im kleinsten Gang und mit leicht angezogenen Bremsen umfährt man nun das eigene Hinterrad. Wer ganz geschickt manövriert, tritt mit einem Pedal immer nur einen Viertel-Kurbelkreis und holt es wieder zurück nach oben – so vermeidet man den oberen und unteren Totpunkt, an dem das Bike stehenbleiben würde.

STANDÜBUNGEN HELFEN BEIM FAHREN

Für die eigene Offroad-Schulung sucht man sich ein ruhiges und verkehrsfreies Plätzchen, auf dem man mit seinem Geländeflitzer in trauter Zweisamkeit üben kann. Im Kapitel über Standübungen war der Tip bereits zu lesen: Man rollt mit angezogener Bremse in immer enger werdenden Kreisen. Versuchen Sie, auf den Pedalen stehend, die Spirale so ruhig und langsam so eng wie möglich zu zirkeln, und kneifen Sie die Bremsen immer weiter zu, bis der Stollenrenner stehenbleibt. Nun balancieren Sie mit eingeschlagenem Lenker das Bike aus. Sobald der dressierte Gaul umzukippen droht, lockern Sie ganz leicht die Bremsen und rollen ein kurzes Stückchen weiter. Oft genügen nur wenige Zentimeter Flucht nach vorne, um die alten Gleichgewichts-Verhältnisse wiederherzustellen. Zählen Sie – leise oder laut – im Sekundentakt mit, wie lange Sie den freien Stand halten können, und lassen Sie nicht locker, bis nicht mindestens zwanzig Sekunden dabei herauskommen. Balancieren kann man üben – nur wenigen Talenten fliegt ein traumhaftes Gleichgewichtsgefühl im Schlaf zu. Schlagen Sie bei den ersten Trainingseinheiten den Lenker mehr oder weniger stark ein, um die Kenter-Neigung Ihres Stollendampfers zu ergründen. Mit diesen Vorübungen bekommen Sie mehr Gefühl

dafür, wie sich Ihr Geländeflitzer in kritischen Situationen verhält, und Sie schulen Ihr Gleichgewichtsgefühl auf dem Bike. Denn manche Serpentinen eiert man fast im Stop-and-go-Betrieb hinunter. Zu den Steh-Übungen kommt nun die Kurven-Technik: Ähnlich wie in schnellen Schotterkurven kommt man leichter durch enge Haken, wenn man sein Körpergewicht verlagert. Nur wenn Sie sich in die Kurveninnenseite legen, rollt das Bike in extrem engen Radien um die Ecke. Man verschiebt dabei Hüfte und Oberkörper weit zur Innenseite der Kurve, läßt aber das Rad möglichst aufrecht stehen, um den kleinstmöglichen Bogen zu schaffen. Erfolg ist gut, Kontrolle ist besser: Versuchen Sie, mit Gewichtsverlagerung nach innen einen Stein mit 180 Grad zu umkurven und dabei möglichst eng anzufahren und genauso knapp am Wendepunkt wieder aus dem „U-Turn" herauszurollen. Dazu legt man einfach noch zwei Steine links und rechts an die Wende-Boje und rutscht diese Begrenzungspfosten immer enger an die Zirkel-Marke heran. Bei gemäßigtem Tempo legt man dabei automatisch das Bike zum Ausgleich eher ein wenig nach außen als nach innen, um nicht umzukippen. In steilen Serpentinen bevorzugen Könner allerdings eine dynamischere Technik: Wie jede Kurve muß man auch eine Serpentine antizipieren, also vorwegnehmen. Das heißt, man legt sich schon vor der Kurve hinein. So kann man einen engeren Radius fahren und läßt lieber mit der hinteren Bremse den Reifen wegrutschen. Wir haben schon oft beobachtet, daß viele Biker sich davor scheuen, das Rad in einer steilen Serpentine auch noch in die Fallinie zu kippen. Aber man muß diese Angstbarriere überwinden und flotter in die Hakenkurve hineingehen, damit man das Bike sogar ein wenig nach innen neigen kann.

DER VERSCHOBENE SCHWERPUNKT BEHINDERT DAS STEUERN

Als weitere Vorübungen probt man diese Winkelzüge mit nach hinten verlagertem Schwerpunkt: Simulieren Sie eine steile Abfahrt, indem Sie bewußt den Po in Stollennähe bringen – die Arme werden lang, die Hüfte rutscht über den hinteren Sattelrand hinaus, als ob der Geländegaul mit der Vorderhand tief nach unten kippen würde. In dieser Abfahrts-Position absolviert man nun wieder den Haarnadel-Probeparcours und stellt fest: Die langen Arme und die nach hinten verschobene Position erschweren das Lenken und Verlagern des eigenen Schwerpunktes erheblich. An diese verschobenen Verhältnisse muß man sich also erst gewöhnen, sonst läuft der Dressur-Gaul schnell aus dem Zügel, wenn er sich durch den Serpentinen-Parcours schlängeln soll. Die langgestreckten Arme behindern nämlich eigentlich die exakten Steuermanöver, die man für die Geländehaken unbedingt braucht. Und zur Gewichtsver-

lagerung nach hinten kommt nun noch das seitliche Abkippen dazu, wie schon zuvor im Trockentraining geprobt. Üben Sie nun aus dieser Abfahrts-Hocke wieder, den engsten Wendekreis hinzulegen. Wie schon gesagt, das Bike kann dabei fast stehenbleiben, man muß es mit Gefühl und Geschick ausbalancieren und mogelt sich so Zentimeter um Zentimeter durch die markierte Übungs-Serpentine.

Dann die Vorderbremse stark anziehen und den Körperschwerpunkt durch Armebeugen nach vorne über das Oberrohr verlagern.

Am besten versucht man, auch in steilen Serpentinen nicht mit dem Bauch auf dem Sattel aufzuliegen, sondern eher über dem Sattel zu bleiben, um genauer steuern zu können. In der Kehre fährt man nur kurzzeitig durch die Fallinie, das schafft man auch, wenn der Schwerpunkt nicht ganz so weit hinten liegt. Wie in steilen Abfahrten kann man zuvor den Sattel tiefer stellen. Als weiteres Handicap absolviert man die giftigen Gelände-

serpentinen meist mit schleifendem Heckpneu und fast bis zum Anschlag gezogener Vorderbremse – was die exakte Kurventechnik zusätzlich erschwert. Das grobe Hin-

Der Nose-Wheelie als Trick für Cracks: die Serpentine wieder außen anfahren und fast bis zum Stand abbremsen.

Wie beim Nose-Stand das Heck hochkommen lassen und das Hinterrad mit Druck auf die Pedale seitlich in der Kurve versetzen.

terherpoltern des Hecks verträgt sich gar nicht mit der absoluten Fein-Dosierung der

Vorderbremse. Hier ist volle Konzentration gefordert, und dies ist auch der Grund, warum selbst der beste Biker an manchen Tagen in der Schlangenkurve absteigt, die er bei anderen Gelegenheiten noch auf den Stollen passiert hat.

JEDE KURVE BRAUCHT VOLLE KONZENTRATION

Ein anstrengender Aufstieg zuvor, eine kleine Unaufmerksamkeit bei der Anfahrt – schon stößt der Vorderreifen gegen eine Wurzel oder einen dicken Stein und raubt einem die letzten Sicherheitsreserven. Die optimale Vorbereitung für Serpentinen liegt auch darin, sehr konzentriert anzufahren und die ideale Linie zu wählen. Grundsätzlich soll die Kurve am äußersten Rand angefahren werden. So hat man am meisten Spielraum und kann im Scheitelpunkt des Hakens nach innen ziehen. Manchmal finden sich an

Serpentinen leicht erhöhte Ränder, wie kleine Steilkurven. Diese Bögen kann man nutzen, um das Bike noch besser nach innen zu legen und enger um die Kurve zu kommen. Falls das Vorderrad doch gegen ein Hindernis stößt, sofort die Vorderbremse lösen – sonst wird's ungemütlich. Noch ein wichtiger Tip: Man muß genau wissen, welche Linie das Hinterrad beschreibt. Der Radius des vorderen Reifens verläuft immer weiter außen als der des hinteren, so daß man schon einmal unerwartet mit dem Heck auf Steine oder Wurzeln aufläuft und aus dem Rhythmus kommt. Darum sollte man vorher im Flachen üben und die Linie von Vorder- und Hinterreifen einmal beobachten, damit einen nichts aus der Bahn wirft. Manche Cracks nutzen sogar das schleifende Hinterrad wie beim Powerslide gezielt aus: Sie hängen nicht ganz so weit hinter dem Sattel, sondern eher in einer mittleren Position über dem Sattelrand. So läßt man das Hinterrad mit blokkierter Bremse voll herumkommen und kann noch engere Haken schlagen.

Die absolute Show-Technik ist jedoch die Drehung auf dem Punkt: Man wirft einfach das Hinterrad in der Luft herum, also ein Nose-Wheelie in der Serpentine. Dafür braucht man aber sehr viel Gefühl für die Dosierung der Vorderbremse und für die Luftfahrt des Hecks. Außerdem muß man rechtzeitig die Bremse lösen. Der Nose-Wheelie in der Ebene darf überhaupt kein Problem darstellen, sonst braucht man mit solchen Free-

style-Figuren in den Serpentinen nicht anzufangen. Sie müssen den Trick, das Hinterrad seitlich zu versetzen, wie im Schlaf beherrschen. Der Nose-Wheelie in der Steilkurve ist ein Manöver der höchsten Könnensstufe – aber damit kommt man wirklich um die engste Biegung, und es schaut auch noch gut aus.

Rechtzeitig die Vorderbremse wieder lösen und für schnellen Bodenkontakt des hinteren Reifens den Po nach hinten schieben.

WHEELIE – SO FÄHRT 20
MAN AUF DEM HINTERRAD

Mach doch mal ein Einrad aus dem Zweirad: Der Wheelie auf dem Hinterrad bringt im Gelände zwar wenig – für den Fahrspaß und das Balancegefühl aber wahnsinnig viel. Hier steht, wie man sein Bike auf die Höhe bringt.

Steile Trial-Passagen nehmen Sie mit links? Der Bunny Hop gehört zur täglichen Übung? Dann fehlt nur noch ein Teil im Show-Repertoire: der Wheelie. Dieser Balanceakt auf dem Hinterrad gehört zwar schon zu den Tricks für fortgeschrittene Biker – aber mit ein bißchen Training, Gefühl und den richtigen Tricks kann auch ein Freestyle-Greenhorn diesen Teil der Bike-Kür lernen.

Zwei Punkte sind entscheidend: Man muß den richtigen Gang einlegen und während der Fahrt gefühlvoll mit der Hinterradbremse umgehen. Denn der Bike-Wheelie funktioniert nach dem Prinzip Stop and Go: Droht das Bike nach hinten überzukippen, tippt man leicht den Bremshebel an, und schon fällt das Vorderrad nach unten. Zu Beginn der Freestyle-Karriere wird man diese Notbremse häufig brauchen, später dient die Hand an der Bremse dann nur noch zur Feinregulierung. Um einen „echten" Wheelie

zu fahren, muß der Schwerpunkt von Bike und Pilot genau über der Hinterachse liegen. Erst dann ist der Stollengaul auch richtig ausbalanciert. Ein krampfhaftes Hochreißen des Vorderrades und wildes Treten mag zwar dem Laien wie ein Wheelie vorkommen – doch spätestens nach vier bis fünf Metern packt die Schwerkraft unnachgiebig den Vorderbau und zwingt den Reifen zum Bodenkontakt – aus ist's mit der Schau. Da kann Wheelie-Weltmeister Jörg Müller aus Dortmund nur müde grinsen: 13,6 Kilometer legte Jörg ausschließlich auf dem Hinterrad zurück – eine ausgewogene Leistung.

DER HOCH-START KLAPPT NUR IM RICHTIGEN GANG

Um so weit zu kommen, muß man in kleinen Schritten begin-

nen. Entscheidend für eine gelungene Ein-Rad-Fahrt ist der richtige Gang. Vorne nimmt man das kleine Zahnrad und hinten einen mittleren Gang. Der schnelle Antritt erleichtert das Hochreißen, und auf dem 17er Ritzel ist die Entfaltung gerade groß genug, um gut weitertreten zu können. Ein Motorradfahrer dreht einfach am Gasgriff und hat sofort Power am Hinterrad, beim Biker kommt die Kraft aber aus den Beinen. Wenn der eingelegte Gang zu hart ist, bleibt das Drehmoment zu schwach. Man zieht wie wild am Lenker, aber die Unterstützung des Heckantriebs fehlt.

Wenn das Vorderrad dann steigt, mußt Du weitertreten und den Oberkörper leicht nach hinten lehnen.

Wählt man einen ganz kleinen Gang, bäumt sich zwar der Stollengaul beim Antritt schnell und willig auf – doch um dann auf der Höhe zu bleiben, muß man strampeln wie ein durchgedrehter Mixer, was die ganze Balancearbeit erheblich erschwert.

Zum Antritt für den Höhenflug gehört natürlich auch das Pedal an die richtige Stelle: Man stellt die Kurbel auf die Ein-Uhr-Stellung, also zwischen senkrecht und waagerecht. Aus dieser Position, die

20

So funktioniert der Notabstieg: Wenn das Rad nach hinten überkippt, rutscht...

...man einfach aus den Sattel und schon steht man. Das Bike dabei einfach am Lenker festhalten.

Das ist die richtige Position: Beim ausbalancierten Wheelie liegt der Schwerpunkt über der Hinterachse.

man auch zum Anfahren am Berg benützt, bringt man am meisten Druck aufs Pedal. Ein weiterer Tip: Den Sattel auf halbmast stellen – wie bei schwierigen Geländepassagen muß der Sitz nach unten. Damit liegt der Schwerpunkt tiefer und man fühlt sich – zu Recht – sicherer als auf dem Hochsitz.

Jetzt können Sie mit den ersten Vorübungen beginnen: Aus der langsamen Fahrt tritt man aus der beschriebenen Pedalstellung im Sitzen kurz und kräftig an und zieht dabei gleichmäßig mit gestreckten Armen am Lenker. Vor lauter Staunen, wie schnell auf diese Weise das Vorderrad hochkommt, vergißt man meistens,

weiterzutreten. Darum sollte man diese erste Phase immer wieder üben: hochreißen und weitertreten. Nach den ersten Übungen merkt man, wie stark Antritt und Zug sein müssen, um das Vorderrad einen halben Meter zu lupfen.

DIE KNIE HELFEN BEIM WHEELIE

In dieser Position schafft man etwa vier bis fünf Meter auf dem Hinterrad, bis die

Schwerkraft den Wheelie-Spaß wieder beendet. Aber zumindest gewöhnt man sich an die neue Fahrtechnik auf dem Hinterrad und schult sein Balancegefühl. Denn das passiert dem Wheelie-Neuling häufig: Kaum hat das Vorderrad den Boden verlassen, kippt der Stollengaul nach einer Seite ab, und der versuchte Balance-Akt wird abrupt gebremst. Ganz wichtig ist es, mit beiden Händen gleichmäßig an der Lenkstange zu ziehen und das Bike beim Wheelie-Start so gerade wie eine Bohnenstange zu halten. Hier noch ein wichtiger Tip: Beim Balancieren spreizt man am besten beide Knie ein wenig ab. Durch die Ausgleichsbewegungen der Beine kann man das seitliche Abkippen verhindern.

Gleichzeitig gewöhnt man sich bei den ersten Balancier-Stückchen an den Einsatz der Hinterradbremse: Auf der Einradfahrt zieht man einmal kräftig am Hebel – und schon hat das Vorderrad wieder Bodenkontakt. Diese Wirkung ist so frappierend, daß man sich in mehreren Durchgängen daran gewöhnen sollte, bis die Regulierung des Abstiegs immer feiner wird. Natürlich muß auch das Vorderrad bei der Landung unbedingt geradestehen. Sonst fällt man nicht mit seinen Fahrkünsten auf, sondern erst mal runter. Zwar wäre für diesen Fall eine weichgepolsterte abgemähte Wiese die bessere Landebahn, auf glattem, ebenem Untergrund gelingt die Einrad-Akrobatik aber leichter.

Nach diesen Trainingsstunden, die man am besten auf einem leeren Parkplatz absol-

viert, darf man dann zu Übertreibungen neigen: Sie üben, das Bike zu überreißen. Wenn man kräftig ins Pedal steigt und ruckartig und schnell hochzieht, kommt einem der Stollengaul vor wie ein Lipizzaner in der Hofreitschule. Man provoziert den Salto pedale rücklings – aber keine Angst, so weit kommt's nicht. Falls der Gaul überkippt, rutscht man einfach nach hinten aus dem tiefergestellten Sattel – und schon steht man auf seinen Füßen. Den Lenker hält man dabei fest, so daß sich das Bike wie von selbst aufs Hinterrad stellt. Dieses Überziehen können Sie mehrmals ganz bewußt ausprobieren. So verliert man die Angst, unkontrolliert nach hinten zu stürzen. Selbst wenn man Clips und Riemen gewohnt ist, sollte man beim Wheelie lieber darauf verzichten. Durch die langsame Fahrgeschwindigkeit sind sie nicht nötig, und man kann den Fuß notfalls blitzschnell vom Pedal ziehen.

DIE BREMSE KORRIGIERT DIE BALANCE

Diese Vorübungen dienen dazu, den Balancepunkt beim echten Wheelie einzukreisen. Beim ausbalancierten Wheelie schwebt der vordere Reifen in Sattelhöhe und das Oberrohr nimmt einen 45-Grad-Winkel ein. Der Pilot lehnt dabei mit geradem Rücken leicht nach hinten, die Arme sind fast gestreckt. Die optimale Körperhaltung ist so, als ob man im Lehnstuhl sitzt.

Wie hält man nun diesen Balance-Zustand stabil? Jeder kennt den Trick, wie man

Stöcke auf dem Zeigefinger balanciert: Kippt der Stab um, geht man schnell mit der Hand oder dem Körper in die Fallrichtung nach, um die Unterstützung wieder unter den Schwerpunkt des balancierten Gegenstands zu befördern. Genauso wandert der Trick-Biker immer um diesen Balance-Punkt vor und zurück. Kippt das Rad zu stark nach hinten, tippt man die Bremse kurz und leicht an. Durch den Stopp am Hinterrad fällt das Vorderteil sofort wieder nach unten. Dieser Bewegung arbeitet man durch kräftigeres Treten entgegen. Gleichzeitig ziehen Sie leicht am Lenker, um die Balance wieder herzustellen. Wenn die Beschleunigung und der Zug zu stark ausfielen, korrigieren Sie erneut mit der Bremse. Mit dieser Technik pendeln Bike und Körper ständig vor und zurück um die optimale Schrägstellung, die man immer häufiger auf Anhieb trifft, wenn man den Wheelie lange genug übt.

Denn beim Training für die One-Wheel-Show muß man schon Ausdauer investieren. Man darf nicht gleich verzagen, wenn bei den ersten Versuchen nur drei bis vier Wheelie-Meter herausspringen. Um sich zu motivieren, kann man auch Steine oder Kreidestriche als Markierungen verwenden. Wenn man sich vorher sagt „Diese Strecke will ich schaffen", gelingen meistens längere Passagen auf dem Hinterrad als ohne diesen kleinen Anreiz. Der absolute Gag sind einhändige oder gar freihändige Wheelies. Sogar Wheelies ohne Vorderrad sind möglich.

BODY CHECK:
SO TESTEN SIE IHRE
KONDITION

Wie gut sind Sie drauf? Wieviel Mumm haben Sie in den Knochen? Was können Sie sich zumuten? Ohne die richtige Einschätzung der eigenen Kondition wird die geplante Genußtour nämlich vielleicht zu einer Verdruß-Tortour. Damit Ihnen das erspart bleibt und Sie Ihre maßgeschneiderte Tour auf Anhieb finden, kommt hier ein Fitneß-Test, mit dem Sie Ihren persönlichen Leistungsstand ermitteln können.

Immer wenn sie auf unbekannten Pfaden die neue Herausforderung suchen, haben Könner und Einsteiger das gleiche Problem: Schaff' ich die Tour, entspricht sie meinem Leistungsvermögen? Denn wer will schon nach ein paar Stunden total ausgepowert den Berg hinaufjapsen oder in der Abfahrt Stürze riskieren, bloß weil man echt fertig ist? Fahrspaß statt Streß am Berg kann nur die Tour bringen, die genau auf die persönliche Kraft und das entsprechende Fahrkönnen abgestimmt ist. Nach unserem Fitneß-Test wissen Sie genau, welche Power in Ihnen steckt und was Sie sich zumuten können.

Diesen neuartigen Konditionstest haben wir gemeinsam mit Medisport, dem Regensburger Institut für Leistungsdiagnostik und Trainingssteuerung, zusammengestellt. Er ist in drei Altersgruppen aufgeteilt und beruht auf einem Punktesystem. Aus den vier Test-Parametern und den daraus erzielten Punkten können Sie Ihren Konditionsstatus ziemlich exakt ermitteln. Betrachten Sie aber die einzelnen Parameter nicht isoliert. Nur das Gesamtergebnis der erzielten Punkte ergibt ein umfassendes Bild Ihrer Fitneß. Und dieser Check-Pot sagt Ihnen, ob Sie ein Schlaffi oder ein Profi sind.

Dieser Test ist allerdings nur eine Momentaufnahme Ihrer Leistungsfähigkeit, und er soll Sie nicht unter den Leistungsdruck stellen, jetzt möglichst schnell in die nächste Konditionsstufe aufzurücken. Aber mit zwei einfachen Fragen zu Ihrem jetzigen Trainingsaufwand und Ihrem Körpergewicht, einer Pulsmessung unter Belastung und einem Zwölf-Minuten-Lauftest können Sie – ohne Arztbesuch oder Labortests – leicht selbst prüfen, wie es um Ihre Kondition bestellt ist. Und wenn Sie danach weiterhin fest in die Pedale hämmern, werden Sie nach einigen Wochen – bei einem Wiederholungstest – mit Sicherheit feststellen, daß Sie noch fitter, besser und schneller unterwegs sind als heute. Fangen Sie gleich an:

1. DER TRAININGSUMFANG

Überlegen Sie mal: Wie viele Stunden trainieren Sie in der Woche? Zählen Sie Ihre sportiven Stunden – inklusive dem Wochenendausflug – mal zusammen und verbuchen Sie die entsprechenden Punkte in Ihrer Altersgruppe auf der Habenseite Ihres Konditionskontos. Übrigens, Fitneß-Guru Günter Traub aus St. Moritz empfiehlt: „Minde-

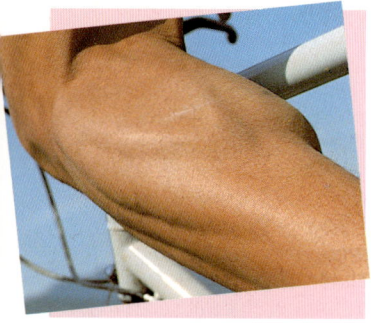

Kraftwerk: Unzählige Trainingskilometer stecken in den Muskeln von Profibikern.

stens dreimal in der Woche eine halbe Stunde Sport sollte man sich gönnen. Optimal für die Fitneß sind fünfmal eine Stunde Training." Also Biker: rauf aufs Rad.

2. DAS VERHÄLTNIS VON KÖRPERGRÖSSE ZU KÖRPERGEWICHT

Eins ist klar: Wer viel wiegt, muß die Pfunde auch mitschleppen. Biker mit einem optimalen Größen-Gewichts-Verhältnis sind einfach besser drauf. Errechnen Sie einfach mal Ihr persönliches Verhältnis. Beispiel: Körpergröße 178 Zentimeter geteilt durch 75 Kilogramm ergibt die Maßzahl 2,37, ein mittlerer bis guter Wert für die 16- bis 35jährigen, sie hamstern hier vier Punkte. Und hatten Sie ohnehin Lust, mit dem Bike ein paar überflüssige Pfunde loszuwerden, dann strampeln Sie sich die Fett-Polster einfach vom Leib. Der Vergleich, nach einigen Wochen, macht Sie sicher: Sind nur zwei Kilo runter, kommen Sie mit Ihrem Verhältnis 2,44 fast in den sehr guten Bereich und können sich nun fünf Punkte gutschreiben.

3. DIE TRAININGS-INTENSITÄT

Je mehr Sie trainieren, um so besser geht es Ihrem Herzen und Ihrem Kreislauf. Ein starker Beweis für die persönliche Kondition ist die Schlagfrequenz Ihrer Pumpe. Messen Sie bei einem wilden Geländeritt Ihren Puls einmal genau dann, wenn Sie sich echt ausbelastet fühlen. Die Meßmethode: Hand aufs Herz oder Finger an die Schlagader von Handgelenk oder Hals – und Blick auf die Uhr. Nach 15 Sekunden multiplizieren Sie die Schlagzahl mit vier: Das ist Ihre Pulszahl pro Minute (S/min). Ein Blick in die Tabelle ergibt für die 16- bis 35jähri-

gen bei einem guten 150er Stakkato fünf Punkte.

4. DER COOPER-TEST

Runter von Carbon, Chrom-Molybdän oder Stahl, denn jetzt ist ein Zwölf-Minuten-Lauf angesagt. Der Cooper-Test ist die einfachste und meistverbreiteste Methode zur Messung der maximalen Dauerleistungsfähigkeit. Laufen Sie auf einer abgesteckten Strecke – vielleicht im Stadion die 400-Meter-Runde – in zwölf Minuten möglichst weit. Ein vierzigjähriger Roadrunner ist mit 2100 Meter gut trainiert und heimst fünf Punkte ein. Übrigens, Frauen können als Bonus zu ihrer Laufleistung 20 Prozent dazuzählen. Gehen Sie den Lauf nicht zu schnell an, teilen Sie sich Ihre Kräfte ein und steigern Sie Ihr Tempo zum Ende. Wer einen Begleiter samt Computer am Lenker zum Test mitnimmt, kann nach zwölf Minuten die zurückgelegten Meter abfragen. Und sollte der Biker über Sie als Fußgänger nur müde lächeln – lassen Sie ihn doch auch mal laufen.
Haben Sie alle vier Parameter ermittelt, dann zählen Sie nun die Punkte entsprechend Ihrer Altersgruppe zusammen: Erreichen Sie nur vier bis acht Punkte, dann schwingen Sie sich gleich aufs Rad und tun etwas für Ihre Gesundheit. Mit neun bis 16 Punkten auf dem Konto sind Sie leicht trainiert und gehören zur Konditionsstufe 1. Schätzen Sie Ihren Mumm richtig ein, und gehen Sie den Bike-Genuß langsam an. Kraftzehrende Ganztagstouren sind noch nichts für Sie.

Mit 17 bis 20 Punkten sind Sie im trainierten Fitneß-Status der Konditionsstufe 2. Mit einem guten Kraft-Timing bewältigen Sie jetzt schon weitere Strecken und relativ schwierige, steile Anstiege. Und die Bike-Fans mit 21 bis 28 Zählern nehmen bei Ihrer Klasse – Konditionsstufe 3 – jedes noch so schwierige Revier spielerisch leicht unter die Stollen und erfahren kraftvoll auch die höchsten Berge. Doch zum Trost für die anderen Konditionsstufen: Auch Top-Biker mit der Super-Power sind schnell wieder runter vom hohen Stahlroß und auf dem Boden der Tatsachen – wenn es auf über 1800 Meter Meereshöhe zur Sache geht. Denn in dieser Höhe ist die Luft ganz schön dünn, da wird auch ein Konditionswunder erstmal atemlos. Und ganz nach oben kommt der einigermaßen trainierte Offroad-Fan auch; zwar ohne Speed-Feeling, etwas langsamer und in manchen Passagen zu Fuß – aber was soll's? Schließlich geht es beim Biken neben der Freude am Können und an der eigenen Leistung – auch ums Naturerlebnis und die tollen Ausblicke.

ALTERSGRUPPE 16–35 JAHRE

Trainings-Umfang (Std. pro Woche)	Verhältnis Körpergröße zu Körpergewicht	Trainings-Intensität (Puls/min)	Laufleistung (Meter nach 12 min)	Punkte
1	1,80	110	1600	1
3	1,95	120	1900	2
5	2,10	130	2200	3
7	2,25	140	2500	4
9	2,40	150	2800	5
11	2,55	160	3100	6
13	2,70	170	3400	7
EIGENE PUNKTZAHL				Gesamt
+	+	+	=	

ALTERSGRUPPE 36–45 JAHRE

Trainings-Umfang (Std. pro Woche)	Verhältnis Körpergröße zu Körpergewicht	Trainings-Intensität (Puls/min)	Laufleistung (Meter nach 12 min)	Punkte
1	1,70	100	1300	1
3	1,85	109	1500	2
5	2,00	118	1700	3
7	2,15	127	1900	4
9	2,30	136	2100	5
11	2,45	145	2300	6
13	2,60	154	2500	7
EIGENE PUNKTZAHL				Gesamt
+	+	+	=	

ALTERSGRUPPE 46–55 JAHRE

Trainings-Umfang (Std. pro Woche)	Verhältnis Körpergröße zu Körpergewicht	Trainings-Intensität (Puls/min)	Laufleistung (Meter nach 12 min)	Punkte
1	1,60	95	1200	1
3	1,75	104	1350	2
5	1,90	113	1550	3
7	2,05	122	1750	4
9	2,20	131	1900	5
11	2,35	140	2100	6
13	2,50	149	2250	7
EIGENE PUNKTZAHL				Gesamt
+	+	+	=	

FITNESSFAKTOR

4– 8 Pkt.	untrainiert	
9–16 Pkt.	leicht trainiert	Konditionsstufe 1
17–20 Pkt.	trainiert	Konditionsstufe 2
21–28 Pkt.	gut trainiert	Konditionsstufe 3

Bike total

Alles übers Mountainbike, von der Kaufberatung über Schraubertips bis zur Fahrtechnik für Anfänger und Cracks.
Dazu perfekte Tourenführer in die schönsten Bike-Regionen und die Faszination Mountainbiking in rasanten Bildern.

Andy Bull
Biken lernen
leicht – schnell – gründlich
In 15 anschaulichen Lektionen vermittelt ein Profibiker perfekte Fahrtechnik und Spaß am Bikertrial.
96 Seiten mit 225 farbigen Abbildungen, gebunden. ISBN 3-7688-0821-1

Ulrich Stanciu
Alles übers Mountainbike
Fahrtechnik – Kaufberatung – Zubehör – Bike-Technik – Federungen – Reparatur – Sicherheit – Naturschutz
Der Topseller für Einsteiger, völlig aktualisiert und erweitert.
184 Seiten mit 202 meist farbigen Abbildungen, kartoniert.
ISBN 3-7688-0678-2

Thomas Rögner / Ulrich Stanciu
Bike-Fahrtechnik
Richtig schalten – Sicher bremsen – Bergauffahren – Downhill – Kurventechnik – Bunny Hop – Trial-Tricks
Die Grundlagen der Moutainbike-Fahrtechnik in detaillierten Fotoserien.
152 Seiten mit 140 farbigen Abbildungen, kartoniert. ISBN 3-7688-0720-7

Norbert Misch-Kunert
Bike-Workshop
Reparatur – Pflege – Tuning – Zubehör – Wartung – Leichtbau
Das Standardhandbuch: völlig aktualisiert, durch neueste Entwicklungen ergänzt.
160 Seiten mit 222 Abbildungen, kartoniert.
ISBN 3-7688-0714-2

Albert Iten / Ulrich Stanciu
Bike Downhill
High Speed + Trial, Schalt- und Brems-technik, Ideallinie + Kurven, Anlieger + Serpentinen, Speed Jumps + Aerodynamik, Stürze + Sicherheit
Wie man in jedem Gelände schnell, sicher und umweltfreundlich Downhill fährt.
124 Seiten mit 136 Farbfotos, kartoniert.
ISBN 3-7688-0882-3

Richard Ballantine / Richard Grant
Bike Reparaturhandbuch
Ein praktisches Handbuch, das leicht ver-ständlich zeigt, wie man das Optimum aus seinem Fahrrad herausholen kann.
96 Seiten mit 243 farbigen Abbildungen, kartoniert.
ISBN 3-7688-0867-X

Hansjörg Rey / Thomas Rögner
No Way - Bike Trial Tricks
Für alle Mountainbiker – Heiße Abfahrten – Locker über Hindernisse – Balancieren – Show-Tricks
Die Fahrschule für alle Mountainbiker ge-zeigt von einem Bike-Star. Mit Wettkampf-kapitel. 128 Seiten mit 130 meist farbigen Abbildungen, kartoniert.
ISBN 3-7688-0792-4

Martin Gieshoidt
Bike auf – Bike ab
Humorvolle Auseinandersetzung mit der neuen Fahrrad-Generation und ihren Tücken
96 Seiten mit 100 Zeichnungen, gebunden.
ISBN 3-7688-0677-4

Toni Wölfinger
Transalp
Alpenüberquerungen mit dem Mountainbike
12 ausgewählte Touren auf historischen Alpenpfaden. Neben detaillierten Strecken-beschreibungen liest man Wissenswertes über Geschichte und Geologie dieser Regionen.
160 Seiten mit 158 Farbfotos, 12 Panorama-karten und 12 Höhenprofilen, Großformat, gebunden. ISBN 3-7688-0845-9

Bike-Touren
Neue Bike-Tourenführer für attraktive Gebiete: Je 40 Ein- und Mehrtagestouren mit detaillierten Angaben über Strecke, Schwierigkeitsgrad etc. Mit Höhenprofilen, Karten, Tourencheck usw.

Frank Klose
Bike-Touren Band 1: Harz
156 Seiten mit 31 Farbfotos, 40 farbigen Kartenausschnitten, 35 Höhenprofilen und 1 Übersichtskarte, Kunststoffeinband.
ISBN 3-7688-0836-X

Frank Klose
Bike-Touren Band 2: Schwarzwald Nord
160 Seiten mit 32 Farbfotos, 40 farbigen Kartenausschnitten, 40 Höhenprofilen und 1 Übersichtskarte, Kunststoffeinband.
ISBN 3-7688-0837-8

Frank Klose
Bike-Touren Band 3: Schwarzwald Süd
160 Seiten mit 34 Farbfotos, 40 farbigen Kartenausschnitten, 40 Höhenprofilen, Kunststoffeinband.
ISBN 3-7688-0839-4

Roland Buderath
Bike-Touren Band 4: Eifel
Nordeifel / Schnee-Eifel
184 Seiten mit 43 Farbfotos, 44 farbigen Kartenausschnitten und 44 Höhenprofilen, Kunststoffeinband.
ISBN 3-7688-0868-8

Frank Klose
Bike-Touren Band 5: Sauerland
176 Seiten mit 40 Farbfotos, 40 farbigen Kartenausschnitten und 40 Höhenprofilen, Kunststoffeinband.
ISBN 3-7688-0883-1

Sören Blüthgen / Stefan Schlegel
Bike-Touren Band 6: Thüringer Wald
160 Seiten mit 35 Farbfotos, 40 farbigen Kartenausschnitten und 40 Höhenprofilen, Kunststoffeinband.
ISBN 3-7688-0884-X

Roland Buderath
Bike-Touren Band 7: Eifel
Ahrgebirge, Vulkan- und Südeifel
168 Seiten mit 36 S/W- und 16 Farbfotos, 40 Kartenausschnitten, 40 Höhenprofilen, Kunststoffeinband.
ISBN 3-7688-0936-6

Jakob Schleicher
Bike-Touren Band 8: Schwäbische Alb
170 Seiten mit 42 S/W- und 15 Farbfotos, 40 Kartenausschnitten, 40 Höhenprofilen, Kunststoffeinband.
ISBN 3-7688-0937-4

Frank Klose
Bike-Touren Band 9: Odenwald / Spessart
Bergstraße, Neckar- und Maintal
168 Seiten mit 39 S/W- und 17 Farbfotos, 40 Kartenausschnitten, 40 Höhenprofilen, Kunststoffeinband.
ISBN 3-7688-0938-2

Roland Buderath
Bike-Touren Band 10: Bergisches Land / Westerwald
176 Seiten mit 40 S/W- und 14 Farbfotos, 40 Kartenausschnitten, 40 Höhenprofilen, Kunststoffeinband.
ISBN 3-7688-0939-0

Elmar Moser
Bike-Guide
Die bewährte Tourenbuch-Konzeption für Mountainbiker mit Wegweisern, Höhenprofilen und Kartenskizzen für alle Bike-Touren der beschriebenen Regionen bietet praktische Handhabung für unterwegs.

Band 1: 50 Touren Tegernsee – Schliersee – Walchensee
200 Seiten mit 4 Farbfotos und 45 farbigen Kartenskizzen. 45 Faltblätter und 1 Plastikhülle, Spiralbindung, in Karton.
ISBN 3-7688-0730-4

Band 2: 50 Touren Karwendel – Wetterstein – Werdenfels – Achensee
200 Seiten mit 17 Farbfotos und 45 farbigen Kartenskizzen. 45 Faltblätter und 1 Plastikhülle, Spiralbindung, in Karton.
ISBN 3-7688-0731-2

Band 3: 40 Touren Gardasee
200 Seiten mit 26 Farbfotos und 42 farbigen Kartenskizzen. 43 Faltblätter und 1 Plastikhülle, Spiralbindung, in Karton.
ISBN 3-7688-0732-0

Band 4: 50 Touren Chiemgauer Alpen – Berchtesgaden
200 Seiten mit 4 Farbfotos und 45 farbigen Kartenskizzen. 45 Faltblätter und 1 Plastikhülle, Spiralbindung, in Karton.
ISBN 3-7688-0793-2

Band 5: 50 Touren Lechtaler Alpen – Mieminger Kette – Füssen – Außerfern
200 Seiten mit 6 Farbfotos und 44 farbigen Kartenskizzen. 44 Faltblätter und 1 Plastikhülle, Spiralbindung, in Karton.
ISBN 3-7688-0834-3

Band 6: 50 Touren Allgäuer Alpen
200 Seiten mit 6 Farbfotos und 44 farbigen Kartenskizzen. 44 Faltblätter und 1 Plastikhülle, Spiralbindung, in Karton.
ISBN 3-7688-0940-4

Erhältlich im Buch- und Fachhandel

Delius Klasing Verlag

von **bike**

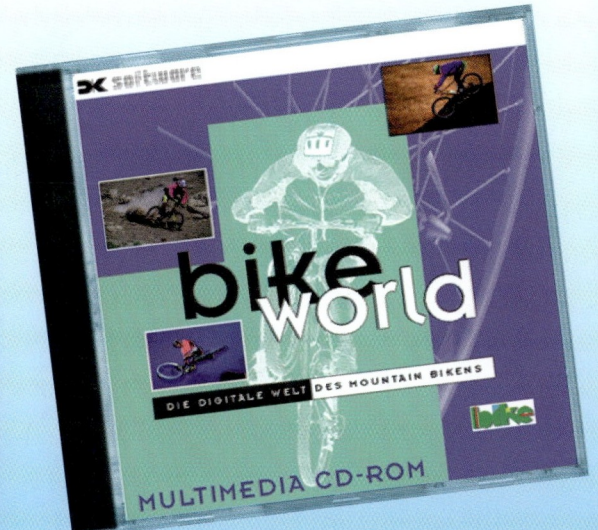

klick
und Sie
sind
dabei.

Alles für Biker - live auf einer Multimedia-CD-ROM. Bike-History, neu erzählt von Gary Fisher, Trialtechnik mit Hansjörg "NoWay"Rey, Fahrtechnik-Videos, Schaltsimulator, "Magic Bike", Kaufberatung, Ausrüstung, Zubehör und jede Menge toller Fotos von Bike-Fotograf Heinz Endler.
Systemanforderungen: Hybrid CD für Mac/WIN mit 8MB RAM, tausenden Farben, Doublespeed-Laufwerk.
Bike World : DM 99.- (unverb. Preisempf.)

Bestellung per Telefon: Mo.–Fr. von 8.oo bis 16.oo Uhr unter 0521/5 59-292
Bestellung per Fax: Rund um die Uhr unter 0521/5 59-114
Bestellung per Post: DK-softmedia, Postfach 10 16 71, D-33516 Bielefeld
Im Buch-und Fachhandel erhältlich!